语文教学与策略研究

田丽群　著

吉林摄影出版社
·长春·

图书在版编目（CIP）数据

语文教学与策略研究 / 田丽群著. -- 长春：吉林
摄影出版社，2023.6
ISBN 978-7-5498-5903-0

Ⅰ．①语… Ⅱ．①田… Ⅲ．①中学语文课－教学研究
－初中 Ⅳ．①G633.302

中国国家版本馆CIP数据核字(2023)第143714号

语文教学与策略研究
YUWEN JIAOXUE YU CELÜE YANJIU

著　　者	田丽群	
出 版 人	车　强	
责任编辑	王维夏	
封面设计	文　亮	
开　　本	787 毫米 ×1092 毫米　1/16	
字　　数	240千字	
印　　张	10.75	
版　　次	2023年6月第1版	
印　　次	2023年6月第1次印刷	

出　　版　吉林摄影出版社
发　　行　吉林摄影出版社
地　　址　长春市净月高新技术开发区福祉大路 5788 号
　　　　　邮编：130118
网　　址　www.jlsycbs.net
电　　话　总编办：0431-81629821
　　　　　发行科：0431-81629829
印　　刷　河北创联印刷有限公司

书　　号　ISBN 978-7-5498-5903-0　　　定　价：56.00元
版权所有　侵权必究

前　言

　　语文是基础教育课程体系中的一门教学科目，其教学的内容是语言文化。语文的能力是学习其他学科和科学的基础，也是一门重要的人文社会学科，是人们交流思想的工具，具有工具性与人文性的统一特点。语文对于培养学生的表达能力、语言能力、认知能力、理解能力等都有很大的帮助。

　　语文学科在传授基础知识、提升文化素养、塑造高尚人格、渗透传统文化、培育民族精神等方面发挥着积极的作用，但也因为教学理念落后，教学手段单一、组织形式僵化等因素让课堂教学氛围压抑、沉闷，由此教学质量可想而知。如何改善教学问题、优化教学环境成了教师们热议的话题，这也是本书将探究的话题。

　　本书主要讲述了以下内容：师生地位的转化，响应新课改号召；教学手段的更新，跟上改革的步伐；教学评价的使用，促进师与生发展，探析初中语文教学的有效策略。主要内容包括初中语文概述、初中语文教学的理论基础、初中语文教学的导入艺术、初中语文阅读教学、初中语文写作教学、初中语文课堂设计、初中语文教学课堂设计的目标与策略、初中语文读写结合教学的基本策略、初中语文教材层面的读写结合教学策略、初中语文课堂层面的读写结合教学策略等内容。

　　在本书的编写过程中参阅了大量资料，借鉴了同行们辛勤劳动的成果，在此一并表示感谢。由于编者水平有限，时间仓促，书中难免出现错误和疏漏，希望广大读者见谅。

前　言

目　录

第一章　初中语文概述

第一节　初中语文学科的特点

一、基础性、工具性

新版高中、初中《语文教学大纲》都写道："语文是最重要的交际工具……""语文学科是一门基础学科……"这些表述都是对语文学科基础性、工具性的充分肯定。具体来说，语文课的任务就是既要培养学生听、说、读、写的语文能力，还要传授并使学生掌握一定的语文知识。学生一旦具备了一定的语文知识和语文能力，对于学好其他学科和走向社会都奠定了良好的基础。培根说过："求知可以增长才干。"在现代社会的交际当中，语文水平显得非常重要，口语交际能力就是语文学科工具性的最好体现。

二、人文性、思想性

新的初中《语文教学大纲》中写道："在教学过程中，要进一步培养热爱祖国语言文字，热爱高尚的审美情趣和培养一定的审美能力，发展健康个性，形成健全人格。"

新的高中《语文教学大纲》也有同样的内容，只是对高中的要求提高了，除了培养学生的爱国主义精神、社会主义思想道德品质和激发学生热爱语文的感情之外，还要开阔学生的视野、培养创新精神、提高文化品位等。这些都反映了语文学科具有一定的思想性。近几年，又有人强调语文学科的人文性，人文性与思想性紧密相连，密不可分。高尔基说过："文学就是人学。"人文性与思想性一样，都是语文学科的本质属性，这两者只是对一样东西的不同表述。基于这种认识，语文教学就要在进行听、说、读、写等语文训练的同时充分渗透和体现其人文性、思想性的特点。

三、开放性、多样性

语文教学的课堂，上下数千年，纵横数万里，海阔天空，百川汇聚。不但内容上具有开放性，教学方式上也具有多样性。课堂上读、问、说、唱，有时哄堂大笑，有时屏声静气，有时口若悬河、滔滔不绝，有时伏案疾书、洋洋洒洒。新时期的教学更具有这种特点。当然，语文教学还不仅仅限于课堂。许多语文教师在开辟"第二课堂"，引导学生进行着课外的语文活动，大大促进了学生语文水平的提高。然而面对社会、面对生活，语文学习又无处不在。小说、报纸、电视、文艺演出，甚至街头的标语、广告都是学习语文的良好素材。俗语说："处处留心皆学问。"这句话用在语文学习上也很恰当。

四、实践性、应用性

通常说："曲不离口，拳不离手。"学习，既要"学"，又要"习"。《论语》说："学而时习之，不亦说乎？。"用现在的话说，学，即输入信息；习，就是进行练习。《说文解字》中对"习"的解释为"鸟三飞也"，意即反复练习、实践出真知。读书、写字、作文、讲话、听话、写信等都是语文实践活动，也是语文的应用。传统的教学方式一般是老师讲，学生听，但这样以来比较机械，效率不高。现在，专家们提出要重视学法指导和民主教学等，这些都为语文教学的实践性和应用性提供了条件。

五、地方性、区域性

任何理论的应用都离不开一定的地方和环境，语文教学也脱离不了地方实际。地方实际决定了地方性，地方性决定了地方特色。不同地区，人们的语言、风俗、文化等都有很大的差异。北京与上海不同，沿海与内陆不同，牧业区与农业区又不同，这些都直接影响着人文性很强的语文学科教学。

六、探究性、创造性

新的教学观念要求教学不但要以学生活动为主，还要进行研究性学习，培养创新精神。研究性学习已经列为高中阶段必不可少的学习方式。创新观点应用到了整个社会发展的广阔领域。高中《语文教学大纲》强调"注重培养创新精神"的内容。在新的时代，语文教学不再是死记硬背和口耳相传，而是需要激发学生的学习兴趣，启发学生的思维方式，带领学生去探讨、去研究、去创造。学习的过程就是探究的过程，也是创造的过程。探究性和创造性同样是语文学科必不可少的特点。

七、时代性、超前性

语文学科像其他学科一样，需要和人们的思想意识紧密联系，紧跟时代步伐，与时俱进。语文反映历史，也反映现实，具有很强的时代性，同时语文又是先进文化的凝练。先进的文化既是一个时代的精神财富，又是引导人们前进的动力，必须具有超前性。语文学习的内容同样既有时代性，又有超前性。

第二节　初中语文课程的性质

语文课程的性质是语文课程理论建设的核心问题，也是语文教学的根本问题。自中华人民共和国成立以来，语文课程性质问题引起了语文教育界的普遍关注，对此展开了广泛而深入的讨论，提出了工具性、基础性、思想性、人文性、社会性、言语性、教育性和审美性等十多种观点，说法不一。《语文课程标准》明确说明："语文课程是一门学习祖国语言文字运用的综合性、实践性课程。工具性与人文性的统一，是语文课程的基本特点。"

一、语文课程是工具性与人文性的统一

语文课程的工具性着眼于培养学生语文运用能力的实践性。语文是一门通过言语来学习语言的学科，训练学生的听、说、读、写，并最终运用到社会交流，这是基础特性。新课程标准要求学生既要弘扬和培养民族精神，又要尊重文化的多样性，因此语文更应该注重丰富的人文内涵，以全面提高学生的语文素养。语文课程内容的选择应着眼于课程的内涵性要求，关注课程本身的文化性、生命性和人文性的统一，以促进学生身心的健康发展。所以在具体的语文教学实践中，应努力做到两者的和谐统一，全面提升学生的语文综合素养。语文的两个基本属性是辩证统一的，工具性孕育着人文性，人文性促进着工具性。

2011版新的"语文课标"吸收了近现代语文教育的精髓，既肯定了它的工具性，又吸纳了人文性的新观点，把二者统一起来，在语文教学的发展史上首次提出了"工具性与人文性的统一是语文课程的基本特点"这一理念，既反映了语文教育应该使学生打好语文基础这一传统的观点，又反映了语文教育应该体现固有的人文精神和加强人文精神的新时代观点，为语文教育指明了方向，把语文教育指向了健康发展的正确

道路。

我们应该认识到作为民族文化的集中体现，作为个人生命意识的具体表现，在听、说、读、写的活动和学习过程中，"工具"的使用同时也在形成着情感态度和价值观，语文学习的同时学生实际上也学习着对世界、对人生的认识。人类的进化发展是一种"人为文之根，文为人之本"的过程，即人创造了文化、传承了文化、丰富了文化。反过来，文化引导了人、滋养了人、成就了人，人与文化是互生互动的，社会形态的人与文化互动的即时状态，是互动的空间存在形式；而历史进程是人与文化互动的历时状态，是互动的时间存在形式。语文教学的人文性主要体现为培养学生积极、乐观的人生态度和美好、丰富的情感，也就是眼中不能只有语文，只有语文的分数，还要有人、人的生命、人的发展、人的精神方面的成长。

工具性与人文性是表与里、皮与毛、血与肉的关系。工具性是"表"，人文性是"里"。工具性是载体，人文性是灵魂。工具性与人文性是与生俱来、相辅相成的。没了工具性，便没必要设语文课，人文性也无从谈起；没了人文性，语文课只有孤立的字、词、句、篇，枯燥、机械的语言训练，语文课便失去了生机、情感和韵味。恰当的做法是在指导学生正确地理解和运用祖国语文的过程中，在培养语感、发展思维、积累语言、积淀文化的过程中吸收人文内涵，培植人文精神。

二、语文课程工具性与人文性相统一的实现途径

（一）注重工具性——发展学生听、说、读、写能力

语文学科的工具性是指语文用于人际交流具有维持社会联系的实用功能和中介作用。语文是个人和社会都离不开的重要工具。以汉语言文字为载体的语文是传承中华民族优秀文化的重要工具。可以说，语文的工具性是由语言的功能决定的，它也是语文学科的本质特征。由此可见，注重语文的工具性，培养学生运用祖国语言文字的能力，应该是语文教学工作中的重要任务。新课标提出的"识字写字能力、阅读能力、写作能力、口语交际能力"的培养，也正是语文工具性作用的体现。

语文是广泛运用于人们交际和思维的重要工具，而学生对这一工具的熟练掌握，需要在课堂上不断地进行语言文字的训练。

（二）凸显人文性——夯实学生的人性根基

什么是语文教学的人文性？新课标强调："培养学生高尚的道德情操和健康的审美情趣，形成正确的价值观和积极的人生态度，是语文教学的重要内容，不应把它们当作外在的附加任务，应该把这些内容贯穿于日常的教学过程之中。"

要真正凸显语文的人文性，培育学生的心灵，关怀学生生命的成长和发展，对学生进行浸染熏陶，以夯实学生的人文根基，丰厚学生的人生积淀，增强学生的文化底蕴，给学生一个亮丽的精神底色，最关键的是把学生当作一个鲜活的、具有极强可塑性的人来对待，着重培养学生作为"人"应具备的基本素质。在此认识的基础上，正确地把握住课本中的思想内涵，培养学生爱国主义感情、社会主义道德品质，逐步形成积极的人生态度和正确的价值观，提高文化品位和审美情趣。

具体来说，可以从以下两个方面入手：①锤炼品德，完善人格。正所谓"文以载道"，世界上无论哪一种语言都是用来表达特定的思想或见解的。语文课本中的文章都是经过严格筛选的，其思想内容对学生良好品德的形成有不可低估的作用，一系列人物所具有的品格会让学生在学习过程中耳濡目染，在内心深处留下不可磨灭的印象，让学生在学习中逐渐形成健康的人生观与世界观。②陶冶情操，培养情趣。我们的语文课本中，大多是文质兼美的文章，这些文章为学生的健康成长构筑了一座风光无限的艺术宫殿。我们的教育教学工作，应该通过提示、引导、点拨，让学生体会文章的内涵，用文章中的养分去滋润他们幼小的心灵，并逐渐转化为他们内在的能力，在生活中创造美，辨别真善美与假恶丑，激起对生活美的追求，感受语文学习的乐趣。

（三）追寻语文工具性与人文性的和谐之美

语文课本就是工具性与人文性统一的整体，我们在教学中不能偏重于某一方，更不能将它们割裂开来。有人说工具性是"表"，人文性是"里"；也有人说没有离开人文性的工具性，也没有离开工具性的人文性。这些观点都说明了工具性与人文性的关系不是二者的简单相加，而是在语文课堂教学中的和谐统一、水乳交融。

1. 倡导以人为本的民主课堂

语文教学是教师与学生共同参与的双边活动，必须以人的发展为着力点，学生的语文能力、品德修养和审美情趣才能得到和谐发展。教师应把功夫下在提高自身的人文素养和学识水平上，切实改变以教师为中心的教学设计理念。教师作为设计者，不是为自我而设计，而是为学生而设计。教师是课堂的主导者，所以教师应当在尊重学生的多样性、差异性的基础上，在自由、自主、合作、互动的教学氛围中，让学生的思想逐步提高、个性得以张扬、情感逐渐得到净化，使课堂教学充满人文魅力。

2. 设计目标多元化的训练

新课标中多次强调，语文课程的目标应该是三维目标："知识和能力、过程和方法、情感态度和价值观。三个方面相互渗透，融为一体，注重语文素养的整体提高。"语文素养重在"综合"，它以语文能力（识字、写字、阅读、习作、口语交际）为核心，是语文能力和语文知识、语言积累、审美情趣、思想道德、思想品质、学习方法习惯的融合。这里体现了工具性和人文性相统一的思想，包含了扎实基本功的培养和潜在能力与创新能力的开发。要在课堂教学中体现这一思想，就应该设计出一些能够挖掘人文因素，落实好思维过程、思维方法，体现辨别是非优劣能力的训练。这种新课标指导下的训练不再是课程改革前的那种目标单一型的训练，而是一种具有多元化的，让语文的工具性与人文性和谐共存的训练。要实现语文的工具性与人文性统一，作为教师的我们就必须在《语文课程标准》的指导下，树立正确的观念，在教学实践中不断探索。只有这样，才能对语文的工具性与人文性有更准确、更成熟的认识与把握，也只有这样，才能真正实现语文课程改革的目标，进而大大提高学生的语文素养。

（四）寓教于文，在人文性与工具性之间建立支点

工具性是人文性的基础，是人文性的载体，人文性是工具性的"精、气、神"之所在。离开工具性来谈人文性，就像有舟无水，寸步难行；同样，只有工具性，没有人文性，就像有水无舟，也将无法欣赏到"小小竹排江中游，巍巍青山两岸走"的绝妙景致。那么，如何在工具性和人文性之间建立支点，使其保持平衡呢？工具性与人文性的统一必须寓教于文。着眼于语言内容与语言形式的有机结合，既要注重语言形式的训练，又要强调语言内容的感悟，培养真正意义上的语文素养，它不仅包括听说读写能力、思维能力、语言能力，还包括品德和审美情趣以及良好的个性和健全的人格。教师通过巧妙的设计，指导学生朗读，并把读、想、说、悟有机结合，互相促进，在掌握语言文字的同时，一步步使学生读出感情、读出真情，与作者的感情产生共鸣，从而理解文字中所包含的深刻寓意，同时文中所蕴含的人文精神也会在孩子的心田中油然而生。

（五）人文性与工具性相得益彰，为终身学习和发展奠定基础

国际 21 世纪教育委员会的报告中指出："人既是发展的第一主角，又是发展的终极目标。"联合国教科文组织也指出："教育应服务于人生全程。"所以，语文教学的最终目的在于育人，即教学生学会做人，正确协调人与人、人与自然、人与社会的关系，使之和谐发展。

学生通过语文学习，滋润灵魂，陶冶情操，提升人生境界。实施语文素质教育，必须重视语文的人文性，培养学生的人文素质。领悟和把握课文中的人文内涵是开展人文教育的前提。语文课文涉及人类社会生活的各个方面，乃至自然界的各个领域，它既反映民族文化的优良传统，又蕴含现代文化的精华，具有丰富的人文教育素材。

如果要把语文的工具性和人文性作为一个和谐的统一体，在语文教学中，首先要引导学生在丰富多彩的听、说、读、写的言语实践中提高理解和运用语言的能力，并利用这些能力进行语言交流、解释和记忆。其次要引导学生在实践中获得语文知识和

能力的自学方法，提高语言学习的效率。最后要牢固树立以人为本的思想，鼓励学生独自体验，要以塑造完善的人格为宗旨，使学生的思想更健康，品质更高尚，个性更张扬，从而为学生的终身学习和发展打下坚实的基础。

第三节　初中语文课程的基本理念

一、全面提高学生的语文素养

九年义务教育阶段的语文课程必须面向全体学生，使学生获得基本的语文素养。

语文课程应激发和培育学生热爱祖国语言的思想感情，引导学生丰富语言知识积累，培养语感，发展思维，初步掌握学习语文的基本方法，养成良好的学习习惯，使他们具有适应实际需要的识字写字能力、阅读能力、写作能力、口语交际能力，正确地理解和运用语言。同时，语文课程还应通过优秀文化的熏陶感染，提高学生的思想道德修养和审美情趣，使他们逐步形成良好的个性和健全的人格，促进德、智、体、美诸方面的和谐发展。

二、正确把握语文教育的特点

语文课程丰富的人文内涵对学生精神领域的影响是深广的，学生对语文材料的感受和理解又往往是多元的。因此，应该重视语文的熏陶感染作用，注意教学内容的价值取向，同时也应尊重学生在学习过程中的独特体验。

语文是实践性很强的课程，应着重培养学生的语文实践能力，而培养这种能力的主要途径也应是语文实践（不宜刻意追求语文知识的系统和完整）。因为语文又是母语教育课程，学习资源和实践机会无处不在、无时不有。因而，应该让学生更多地接触语文材料，在大量的语文实践中体会、掌握、运用语文的规律，而不宜刻意追求语文知识的系统和完整。

语文课程还应考虑汉语言文字的特点对识字写字、阅读、写作、口语交际和学生思维发展等方面的影响，在教学中尤其要重视培养良好的语感和把握整体的能力。

三、积极倡导自主、合作、探究的学习方式

学生是学习和发展的主体。语文课程必须根据学生身心发展和语文学习的特点，

关注学生的个体差异和不同的学习需求，爱护学生的好奇心、求知欲，充分激发学生的主动意识和进取精神，倡导自主、合作、探究的学习方式。教学内容的确定、教学方法的选择、评价方式的设计，都应有助于这种学习方式的形成。

语文综合性学习有利于学生在自主活动中全面提高语文素养，是培养学生自主探究、团结合作、勇于创新精神的重要途径，应该积极提倡。

四、努力建设开放而有活力的语文课程

语文课程应继承语文教育的优秀传统，要面向现代化，面向世界，面向未来。应拓宽语文学习和运用的领域，并注重跨学科的学习和现代科技手段的运用，使学生在不同内容和方法的相互交叉、渗透和整合中开阔视野，提高学习效率，初步提升现代社会所需要的语文素养。语文课程应该是开放而富有创新活力的。应当密切关注学生的发展和社会现实生活的变化，尽可能满足不同地区、不同学校、不同学生的需求，确立适应时代需要的课程目标，开设与之相适应的课程资源，形成相对稳定而又灵活的实施机制，不断地自我调节、更新发展。

第四节 初中语文教学现状与改革

一、初中语文教学中存在的问题

（一）阅读方面

1.教教材，而非用教材教

在教学中，我们的教学普遍存在只看课文本身，而忽视了单元及整册教材的训练体系。学生"只见树木，不见森林。"殊不知，课文只不过是例子而已，它是为完成单元教学目标、学期教学目标而选的一个个"范例"，编写者的初衷是想通过教学完成体系目标。比如初中语文第二册第一单元，它选取了5篇反映社会生活的文章，学习本单元应主要训练两点：第一点，在人文情感方面，是让学生通过阅读这些课文，看看别人怎样生活；看看他们对人生的体验思考，丰富自己的社会经验，加深自己的情感体验。第二点是在整体感悟全文的基础上，提炼文章的主旨，还要学会比较阅读不同内容和形式的文章。而我们的教师往往没有看到这一点，而是一头扎进课文中，一个单元教学下来，导致学生们对生命没有什么感悟，没有形成正确的人生态度，没

有学到提炼文章宗旨和比较阅读的技能。笔者认为，这样的教学是和教材编写者的意愿是背道而驰的，这也是我们90%以上的教师在教学中所出现的一个较为严重的失误。事实上，我们简单思考一下就会明白，我们所面临的文章浩如烟海，而我们初中所要学的课文只是沧海一粟，通过学习这几篇文章除了在阅历上增加一些知识以外，更重要的还是掌握一些阅读的技能，以便日后自己读书、自己学习。这样看来，教教材不是目的，而是载体、是手段，我们不要本末倒置，陷入"只教教材"的泥潭。

2. 是讲堂，而非学堂

"填鸭式""满堂灌"，这种陈旧的课堂教学模式应该早已退出历史舞台，可走进我们的语文课堂，90%以上的教师仍然热衷于这种教学方式。总之，理由堂堂正正：教师讲不到，学生不会，考试考了怎么办？我们把课堂交给学生，我们的教学任务完不成怎么办？在这种意识的支配下，我们教者往往理所当然地成为课堂的主宰，以自我为中心，占据三尺讲台这个阵地，大讲特讲，而对学生的兴趣、状态、需求等视而不见。不客气地说，我们有些"目中无人"，即使有时我们"有人"，也喜欢牵着人家鼻子走，回答问题也是为符合自己的思路而设，设下套子，让学生们自己钻，如不如意，轻者叫坐，重则挖苦。事实上，我们忘记了一个最为浅显的道理：语言非学得而是习得，学生没有亲身参与，怎么能学好语文呢？课堂的主角应该是学生，学生参与的程度，参与的广度和深度是判断一节课优劣的标准。"把课堂还给学生"，这不应该成为我们的一句口号，而是让学生成为课堂的主人，让他们的学习成为互动学习、发现学习、探究学习、研究性学习，这应该成为我们课堂教学共同追求的层次和境界。

3. 讲读与自读，泾渭分明而非水乳交融

教读课文与自读课文都是为完成单元目标、学期目标而设立的，二者在语文课堂教学中不可或缺。自读课更多地应看作教读课文的延伸、能力训练的迁移，而我们的课堂往往只有教读课而舍弃了自读课，我们的教师总认为自读课文内容不考，其实这还是应试教育观念在作怪。而目前的中考阅读部分偏重了课外，我们平时的阶段性测试也将打破讲读与自读、课内与课外的界限，这将有利于学生形成大语文观，有利于学生未来的发展，而无论教读与自读，其目的都是为了学生提高阅读能力。这一点应该成为我们教师的共识。

教学大纲和新课程标准对课外阅读提出了明确的要求，一是提倡扩大阅读量，要求"养成读书看报的习惯，收藏并与同学交流图书资料，扩展自己的阅读面，扩大阅读范围，开阔自己的视野，广泛阅读各种类型的读物"。二是规定课外阅读量，初中三年每学年阅读两三部名著，三年阅读名著总量不少于 6－9 部，教学大纲还推荐了10 部名著和50 篇古诗文，实际上我们的阅读量远远没有达到这个要求，我们的读书指导、读书报告会、交流会等应有的教学活动几乎是空白。事实证明，只有教读与自读有机结合，课内与课外水乳交融才能学好语文。不树立大语文观，眼光只盯在课本上有限的几十篇课文，就幻想提高学生的阅读能力，对此那只能是神话。

4.偏重了结果，而非过程与方法

教学的重要目的之一就是使学生理解和掌握正确的结论，所以必须重视结论。但是，如果不经过学生一系列的质疑、判断、比较、选择，以及相应的分析、综合、概括等认知活动，即如果没有多样化的思维过程和认知方式，没有多种观点的碰撞、争论和比较，结论就难以获得，也难以真正理解和巩固。更为重要的是，没有以多样性、丰富性为前提的教学过程，学生的创造精神和创新思维就不可能培养起来。我们的课堂教学偏重结论、轻视过程，排斥了学生的思考和个性，把教学过程庸俗化到无须智慧努力，只需听讲和记忆就能掌握知识的程度，这实际上是对学生智慧的扼杀和个性的摧残。课堂上，学生习惯于老师给现成的答案，不去动脑，他们对于遇到不懂的问题、不会读的字，甚至不知道借助课文注释和字典解决，一篇课文学完了，书上居然没画过一道痕迹，只把课后习题的答案抄在了书上或笔记本上，这种现象在我们的课堂上屡见不鲜。

（二）写作方面

1.注重个体训练，忽视训练体系

初中三个年级、六个学期、六本教材构成了一个相对完整的作文训练体系，每个年级、每个学期、每本教材，甚至每个单元都是这个完整体系中不可分割的组成部分。每个单元的作文训练都应该看作完成整个训练中的一个有机的组成部分。这样，每个单元的能力训练综合起来，就形成了整个作文能力训练体系，这应该成为我们语文教师在作文教学中的共识。可教学实践中反映出来的情况并非如此，我们往往注重的是作文的次数，作文做了哪些题目，而忽视了单元训练中要形成的能力。比如，初中语文教材第一册，其中写作口语训练第一单元的训练重点是"作文贵在创新"，短文后面给了两个参考题目"我""窗"，至于你要写哪个题目其实并不重要，重要的在于通过这次作文训练应该让学生懂得创新是作文的生命，作文的可贵之处在于有所创新，在于写出"个性"的风采来。从而鼓励学生在今后的作文中"大胆地用'我'的自由之笔，写'我'的自得之见，抒'我'的自然之情，显'我'的自在之趣"。总之，在我们的作文训练中同样存在那种"只见树木，不见森林"的问题。

2.局限于课堂，割裂与生活的联系

离开了生活，作文便成了无源之水，无本之木，这个简单的道理相信每一个语文教师都十分清楚，但在作文教学实践中，对"作文应密切联系生活"往往注重不够。我们往往把作文看作课堂上的事，实际上，学生的作文就应该是写实实在在的生活。

笔者听过这样一节生动的作文课，教者让学生对月亮进行一个月的观察，并记录下它的变化，再搜集描写月亮的词语和课文。经过这一个月的深入了解，学生积累了大量的素材，写起作文来自然得心应手。我们不得不钦佩这位教师对作文与生活的关系理解得如此深透。显然，没有那一个月的对生活的观察、积累，突发奇想地让学生在45分钟的课堂上写一个"月圆之夜"的作文，对学生而言该是一件多么困难的事情。我们历来主张应把作文范围或题目提前数天布置给学生，再引导他们通过观察生活来搜集、整理资料。这样，学生对生活才会有较强的感性认识和较深的理性认识。"为有源头活水来"，作文的源头应该是生活。艺术创作如此，我们的作文也是创作，也应该如此。

3. 看重批改，忽视讲评

"当语文老师累"，这是所有做语文老师的共同体验和感受。语文老师较其他科老师在备课、批改上任务繁重了许多，尤其在批改上，一摞摞的作文往往压得语文老师喘不过气来，没等上一个作文批完，下一个作文又该开始写了，搞得语文老师在作文批改上疲于奔命，结果学生对老师辛辛苦苦写下的批语往往不买账。这就促使我们的老师应该改进批改方法。在作文批改上我们主张重批轻改，"批"也是主张用欣赏的眼光去批，把学生作文中用得恰当、精妙的词句画出来，把主要的问题批示出来，而"改"应调动学生自己去改，老师改得再多，那也只能是老师自己的东西，这并不能代表学生的感受、认识，况且老师精力有限，一次作文，两个教学班，八九十人，八九十篇作文，改是改不过来的。还有一点，"批"应及时、快速，时间一长，不仅批者对学生作文没多少印象，就是学生对自己的作文也会淡忘。

在作文教学中，还存在一个倾向：忽视讲评。笔者认为讲评在作文训练中尤为重要。在讲评中，应把学生作文中的典型问题指出来；再就是多鼓励，哪怕只有一个好词好句也应给予充分肯定，让学生体会到教师对他作文的认可和欣赏，让他们充分感受到写作文的成就感。这样，既让教师减轻了劳动强度，又锻炼了学生，提高了他们的鉴赏能力。总之，笔者认为一次好的作文讲评课不仅仅是对作文的总结，更是下一个作文的开始。

二、新课改下创新初中语文教学方法的策略

（一）创设情境激发学生的学习兴趣

教师可以在教学中开展情境教学，通过创设情境的方式增强学生的好奇心，以此来激发学生的学习兴趣。通过这种方式能够使学生置身于真实的情境中，充分吸引其注意力，在提高学生课堂参与积极性的同时，使学生的语文成绩得到有效的提高。通

常情况下，情境的创设一定要贯穿于整个课堂教学中，特别是开头的兴趣导入必须要做好，争取为学生营造良好的课堂学习氛围。

例如，在讲到初中语文人教版《芦花荡》一课时，教师首先可以进行课堂导入，利用语言引导学生："同学们，在战火纷飞的抗日战争时期，有许多感人的英雄故事，其中有位老人的年纪已经接近六十，但是这位老人能使部队的物资轻松地通过敌人的封锁线，将战斗物资及时地送到解放军手中，凭借着自己的聪明才智和坚强勇敢为部队提供了有效的物资保障，在当时的年代可谓一个传奇人物。今天老师就带领同学们去感受下《芦花荡》，认识下这位英雄老人！"

通过这种导入教学，能够使学生对文章产生浓厚的兴趣，这样一来学生就会积极地参与到课堂学习中，主动配合教师教学，有效提高了课堂的教学效率。

（二）鼓励学生自由选择课文学习顺序

传统的语文课堂教学，始终采用"从头到尾"的课文讲解顺序，这种授课方式的最大弊端就是会将学生的思维局限在教师设计好的圈子内，严重限制了学生的想象力和创造力，同时这种教学方式与新课改的教学要求存在严重冲突。所以，教师在教学中要根据课文的不同，引导学生自由地选择学习顺序，以此来拓展学生的思维，开辟新的学习天地。

例如，在讲到初中语文人教版《孔乙己》一课时，文章开头就对咸亨酒店进行了描写，对于当时社会环境下的酒店学生很难理解，如果硬让学生先从乏味的、不理解的开头去学，会给学生造成严重的心理负担，从而影响教学效率。所以，对于这篇文章，教师在教学中可以让学生自由地选择自己喜欢的语段学习这样的顺序进行阅读学习，最后谈一谈自己的想法和理解。通过这样的教学设计，学生选择的顺序虽然不尽相同，但是阅读效果明显更好，不仅可以在阅读过程中将文章中的重要语段准确找出来，还能快速地整理文章故事情节，实现了轻松高效的课文学习。

（三）组织学生积极进行自主探究

（1）学生在学习过程中难免会对同一个问题产生分歧，这时教师要从课文的内容、情感等方面对学生进行点拨，帮助学生得出正确结论。

（2）语文教师在进行教学时一定要注意引导学生多元化理解，在教学中既要注意培养学生正确的价值取向，同时还要尊重学生独特的情感体验，这样培养出来的学生才能拥有较强的语文水平，使学生的文化品位、审美情趣等实现全面提升。

（3）良好的朗读课程能够有效地提高学生的自主学习和自主研究能力，因此学生在进行朗读时，教师要在旁帮助学生把握体会正确的文章情感，积极引导学生进行自主探究、自主思考，全面提高朗读能力。

第二章　初中语文教学的理论基础

第一节　初中语文教学主体论

师生观在教学理念中占据重要地位。什么样的师生观影响着什么样的教学主体论。

一、师生观

教师、学生、教学内容和教学方法是构成语文教学的四大要素，它们互为凭借、互相作用，共同为语文教学的目标服务，发挥着整体功能。其中，最重要也是最为活跃的要素就是教师和学生了。正因为教师和学生是构成教学的最基本的要素，所以如何看待教师、学生在教学活动中的地位和作用，以及如何处理教师与学生之间的关系，就非常重要。

二、教学主体论

随着时代进步和社会对学校育人功能需求的变化，在长期的教育改革实践探索中，教育理论界对于语文教学活动中教师与学生谁是"中心"或"主体"的认识也逐渐趋于明朗。一种以体现辩证看待教师、学生在活动中的地位和作用及其相互关系，注重调动师生两方面积极性的"双主体"的观念逐渐为大家所接受——在语文教学活动中，教师是教学的主体，学生是学习的主体。其主要理由如下：

其一，从社会学的角度看，人作为客体的存在，是生物的人；作为主体的存在，又是社会的人。在人类社会历史发展过程中，人总是以客体存在为基础，通过主体及主体意识的能动作用去推动自身和社会的发展。因而，"社会的人"在本质上就是"推动自身和社会发展"的主体。

其二，从认识论的角度看，凡是进行认识和实践的人都是主体。既然教师和学生都有认识与被认识、施动与受动的双重性，在教学活动中，教师与学生是相互独立、相互依存的一对矛盾的统一体，因而又可以说他们是互为主客体的，即在"教"的方面，教师是矛盾的主要方面，应当是"教学的主体"；在"学"的方面，学生是矛盾的主要方面，应当是"学习的主体"。

其三，从教育学的角度看，这种教学主体论也是值得肯定的。

第一，这是由"教育"的本质决定的。"教育"是培养人的社会活动，是广义的"教学"；"教学"是教师的"教"和学生的"学"的教育活动，是狭义的"教育"。"教育"一词在中国最早见于《孟子·尽心上》中的"得天下英才而教育之"。东汉许慎的《说文解字》中讲："教，上所施，下所效也""育，养子使作善也"。其大意为：教育者施行教诲，使受教育者效法并向好的方向——"成人"的方向发展。在西方，"教育"一词来自拉丁文，原意是引导、诱导，即教育者引导受教育者，使其完善发展。无论古今中外，都把教育或教学看作是培养人的活动，是一个通过教师的教育劳动促进年轻一代身心健康发展的过程。从这个意义讲，教育者的施教活动，既是学校教育的本质所在，又是教师谋生存、求发展的一种职业活动。以"主体"角色看待自己，用"主体"意识对待施教中的问题和困难，积极主动地搞好教学工作，适应时代需求，这既是"教师"这个社会角色的职业责任，又是对自己负责的体现。同时，对于作为受教育者的学生来讲，学习过程是谁也替代不了的实践过程。"学习"一词最早见于《礼记·月令》："鹰乃学习"。《辞海》中对"学习"的解释是："学，效；习，频频飞起，指小鸟反复学飞。"从这个意义讲，受教育者的学习活动在本质上又是一种自主的谋生存、求发展的必然之路，以"主体"角色看待自己，用"主体"意识对待学习的问题和困难，积极主动地接受教育，完成成长阶段必要的学习任务，学会学习，学会生存，学会发展。这既是"学生"这个社会角色的必然要求，又是对自己负责的体现。

第二，这是由"教学"活动的规律决定的。我国第一部研究教育问题的专著《学记》就强调了教学过程是一个由教师与学生"双向互动"的"自组织"过程，具有与其他活动不同的特殊规律："学然后知不足，教然后知困。知不足，然后能自反也；知困，然后能自强也。故曰：教学相长也。《兑命》曰：'学半'，其此之谓乎！"这段话，如果从"教"和"学"双方关系的角度看，"教学相长"就是教师的"教"和学生的"学"是相互促进的。"学半"就是教师一半在教，同时一半在学；学生也是一半靠教师教，一半靠自己学。如果从双方责任的角度看，"教学相长"就可以理解为：教师和学生在教学活动中，双方要各负一半的责任。如果从"教"和"学"同指一个人的角度看，"教学相长"则可以这样来理解：一个人只有通过学习实践，才能知道自己的不足之处；只有通过教学实践，才能体验到困难所在；知道自己的不足，才会反思自省，促进自己努力学习；体验到困难所在，才会自强不息，促进自己认真钻研。所以说"教"与"学"是相互促进的，"教和学各占一半"就是这个意思。其实，无论从何种角度来解释，这段话所揭示的教学活动的特殊规律都有助于我们对"双主体论"的认识。这就是对于参与教学活动的双方来说，教师的"教"和学生的"学"是相互促进、相互成全的，都是教学活动的责任人和受益者；都是一半在学，一半在教。教师教的效果一半要依靠学生的支持，而学生学的结果一半要依靠教师的帮助。从教育者来看，他既是教学中"教"的责任人，是"教的主体"；同时，他又是受教育者，"教育者先受教育。"为了更好地教，教师在教学过程中，需要一边教，一边学——包括自学、向他人学、向学生学。对于受教育者而言，他既是教学中"学"的责任人，是"学的主体"；同时，他又是教育者，在学习过程中，需要一边学、一边教——包括教自己、教同伴、教教师。通过教同伴来促进师生的"换位，互动"，运用、检验和强化教学的效果；通过学习反馈来教教师如何更有效地教学生掌握学习本领。在这样的教学活动的过程中，教师和学生的关系显然不是到底该"以教师为中心"还是"以学生为中心"的问题，而是十分肯定的师与生、"教"与"学"分工负责、相辅相成的"双主体"的辩证关系了。

第三，这是由语文教学改革与发展的需要决定的。在经济全球化和知识时代，人必须把对话、合作、交流作为生活与学习的方式，共享交往中的丰富资源，实现自我完善和对生存状况的改造。教学活动中的师生交往是一种特殊的社会交往形式，为了中华民族的复兴，为了每位学生的发展，为了全面推进素质教育，我们必须高度重视和精心优化这种交往。

第二节　初中语文教学目的论

一、在语文教学中实现育人功能的重要内容

初中语文的教学内容中涵盖了很多与思想道德教育相关的内容，通过这些内容的教育，能够对学生的行为的规范以及道德标准的确立产生良好的促进作用。

首先，通过语文教学能够帮助学生树立坚定的政治信念。不同的国家有不同的社会制度，而这些制度在相互之间难免会产生一些冲突和斗争，但也会相互促进、相互补充。21世纪正是我国建设中国特色社会主义社会的关键时期，这就更需要广大青少年树立远大的政治理想，培养自己的爱国主义精神和社会主义精神，形成正确的价值观，树立坚定的政治信念，陶冶高尚的道德情操。

其次，语文教学还可以让学生形成健康的心理。随着科技的进步和社会的高速发展，知识信息爆炸性增长，人们的生活节奏不断变快，但是这对青少年的人格和心理

健康的形成也产生了一些重要的影响。

身为语文教师，我们在给学生"传道授业解惑"的过程中，也应该时刻关注学生的心理状态，因为只有健康的心理才能养成乐观向上的人生态度，才能帮助学生确立良好的性格和宽广的胸怀。这样不仅有利于学生的知识学习，同时也能帮助学生更加健康地成长，朝着正确的人生方向迈进。语文教育还可以让学生自觉形成法律意识，我国是现代化的国家，依法治国是我国的基本治国之策，社会生活中的每一个人都应该有良好的法治观念，自觉遵守法律，这是我们日常生活中的一个重要内容。为了让学生能够在学校教育中更好地确立人生理想、形成良好的人格品质，法律意识的教育是很重要的一项内容，因此，教师应该有意识地自觉加强对学生法治观念的培养，从而真正发挥语文教学的育人功能。

二、在语文教学实践中达到育人目的的有效方法

人的思想行为和语言意识是分不开的，这也成就了语文这门语言类学科对人的教育功能。新课程对语言课程性质也突出了工具性与人文性的统一，所以教师更应该在学生这一特殊的年龄段充分地照顾到学生的生理和心理发展，探索更加正确的教学方法，帮助学生成就更加优秀的自己。

（一）以语文教材促进学生的思想道德教育

培养学生的语文素养主要包括三个方面：语言素质、文学素质、思想道德素质。而语言和文学素质的培养主要是发挥了语文的知识功能，而培养学生的思想道德素质就能充分地发挥语文学科的育人功能。初中阶段正是学生思维发展的关键时期。教师帮助学生形成正确的人生观、世界观和价值观会对其未来的发展产生非常重要的影响。而语文教材中有很大一部分内容都有很强烈的思想政治性，能够对学生起到良好的教育作用，而且这些内容是政治教材无法代替的。所以语文教师更应该充分发掘教材中蕴含的教育内容，潜移默化地利用生动形象的方式对学生进行爱国主义、集体主义等思想道德教育，帮助学生完善人格、提高思想素质。

（二）以语言文字促进学生的审美能力提升

语言文字也是一种艺术，能够对学生起到良好的审美教育功能。培养学生高尚的审美观是当前语文教学的主要目标之一。语文教材中有很大一部分课文都是文学作品，而对这些优秀文学作品的赏析能够为审美教育提供便利的条件。所以我们可以在教学的过程中，引导学生对文学作品的语言、形象、情感进行更加深刻的分析，让学生学会辨别是非真假、明确美丑善恶。在这一过程中，主要强调学生在学习和阅读时与作

品本身发生的情感共鸣。学生只有融入作品，才能对其中蕴含的情感进行更加深刻的分析，并且在这样的美感之下达到心灵净化的目的，从而塑造优秀的人格品质。此外，我们还应该引导学生对美的事物进行再创造，而这一过程也有利于学生自己审美经验的积累以及创造力的培养。

（三）用生活实践丰富教学内容

"纸上得来终觉浅，绝知此事要躬行。"在充分发挥语文这门学科的育人功能之前，我们应该让学生有更多的生活实践经验，因为只有通过生活的实践，才能让学生把从书本上理解到的内容内化为自己的信念和行为方式，让生活充满色彩，让学生更好地了解生活。所以，教师只需要给学生组织更多的课外活动，让学生有更多的实践机会，因为活动的开展有益于磨炼学生意志、锻炼学生思维能力；以培养学生情感为主要目标，以寓教于乐的形式，让同学们玩得愉快、学得更轻松。生活中学生会遇到形形色色的人，与人沟通交流就是在成长，同时也是在把自己学到的语文知识表达出来的过程。建立语文和生活的密切联系才能更好地发挥语文的教育功能。

总而言之，希望在教学任务的推动下能够帮助学生养成良好的学习习惯和提升个人修养，能够让学生以严谨、勤奋的态度面对学习和生活中的种种困难，在长期坚持不懈的努力下真正做到学有所成、健康成长。

第三节　初中语文教学原则论

语文教学原则是语文教师处理语文教学中各种矛盾的基本法则。它既体现了一般教学原则，又体现了语文教学的规律。本节讨论了语文教学的"四项基本原则"，即语文教学与人的发展统一的原则，工具性与人文性统一的原则，语文训练与智力发展统一的原则，语文教学贴近生活的原则。遵循这些原则可以化解矛盾、减少困惑、促进教学，全面提高语文教学质量。

一、语文教学与人的发展统一的原则

在呼唤人文主义思想的今天，我们应树立人本主义的语文教育思想，关注人的生活、体验、思想、智力和创新，充实人的内涵。

（一）理论依据

1. 人才是人与才的统一，是做人与做事的统一

教育具有两大功能：教学生学会做人，成人；教学生学会做事，成才。简言之，教育使学生成为人才。教师具有两大天职：育人，使学生成人；教书，使学生成才。简言之，教师使学生成为人才。语文教育也具有两大功能：充实人的内涵，使学生成人；培养语文能力，使学生成才。简言之，语文教育使学生成为人才。完整的语文教学必须是教语文与完善人的统一。成才先成人，成人促成才。人才，"人"字在前，是以"人"为前提的"才"。没有了"人"，"才"有何用？没有了"人"，语文有何用？学文先做人。文如其人，这不但体现在表达上，而且体现在接受程度上。文学阅读固然因读者而不同，非文学阅读也因读者的兴趣爱好和知识结构而不同。

2. 先有人的发展，才有文的发展

我们教学生学组词、学造句、学比喻，同时还应教育学生学会做人，如果把语文当成了"机械技能"，像计算机一样识别语言，就远离了语文教育的根本，导致学生缺乏学习语文的兴趣和语文的能力。强调技术教育是世界教育的潮流，然而相对忽视人文教育则是世界教育的误区之一。"能力本位论"导致人文精神的流失。教育现代化首先应是人文精神的现代化，其次才是教育技术的现代化。同理，语文教学只有首先发展了人，才能更好地发展语文。

（二）指导意义

1. 教语文与发展人高度统一

语文的立人功能毋庸置疑。语文教育的对象是人，语文教育的成果也应是人，并且应是具有人文精神和语文能力的人。语文教学应以人为本，以人为中心，关注人，尊重人，发展人。语文教育的一切行为都必须有利于人的发展，有利于人类文明，有利于社会进步。

语文立人也是强语文之根本。语文教学没有了"人"，犹如给木头教语文，叫木头学语文。没有了"人"，语文教学效率何以提高？因此，当前语文教学必须首先走进人的生活，解放人的心智和才智，培养人文精神，让学生的想象力、表现力和创造力尽情地释放出来，从而把失去的"人"找回来，找回人的生活、个性、品位、思想、体验、美感和语习惯。

2. 语文教学应使学生成为审美的人

学生成为审美的人，才有愉悦；语文教学成为审美实践活动，才有活力。语文教学不能搞枯燥的知识传授，而应创造审美情境，潜移默化，熏陶感染，让学生主动体验，

内化为自身的语文素质。

如果语文教学采取知识教育那套灌输的方法，那么不仅不能提升人，而且遮蔽人性，同时压抑、扼杀真正的人性因素，人性是人的生命以内的东西。语文教学应让学生在审美中唤起人内心真善美的追求，唤起人对自己之所以为人的觉醒，唤起对人性的关注，提升自己的精神。文学不是人文知识灌输，而是人文精神的熏陶。

（三）实施措施

1. 语文教学不但要重语文能力，而且要重语文品质

听别人说话，不但要了解对方的意思，抓住中心和要点，而且要有耐心、专注、诚恳、虚心、尊重对方。说话不但要看对象和场合，准确、生动地表情达意，而且要说真话、实话、心里话，不说假话、空话、套话，要自信、自然、大方，要文明、礼貌、善待对方。阅读不但要具有一定的阅读能力，而且要有阅读的兴趣和愿望，有心得、看法和疑问，主动发现、探究和解决问题，勇于批判和创新，多读书，好读书，读好书，读整本的书。写作不但要具有一定的写作能力，而且要热爱生活，要勤于思考，要有写作的兴趣、愿望和信心，要写真情实感，要有创意地表达。

语文教学要既训练语文能力，又充实人的内涵，使学生不仅有语文能力，而且有健全的人格。

2. 以学生的发展为中心，崇尚自由精神

人对自由的追求是人的根本追求，也是人的最高追求。语文教学的最理想的境界应是让学生在心灵世界的多元化氛围下，精神自由，思想独立，达到自由自在的人格境界，在兴趣爱好的支配下学习、生活、追求。因此，语文教学必须以学生的发展为中心确立学生在学习和发展中的主体地位，遵从学生的身心发展特点，欣赏学生的个体差异，尊重学生学习的不同要求，爱护学生的好奇心和求知欲，激发学生的主动意识和进取精神，发挥学生的主动性和创造性，让学生的个性自由和谐地发展。

阅读是学生的个性化行为。教师不能把自己的思考强加给学生，不能代替学生思考，不能否定学生思考，而是要珍视学生独特的感受、体验和理解。作文更是自由精神的天堂。作文教学要少一些藩篱，让学生的联想和想象自由驰骋，写实感，抒真情，有创意地表达。

二、工具性与人文性统一的原则

语文是最重要的交际工具。相对于人类的思想交流，文化传播和思维活动而言，语文是交际工具；相对于学生一生、课程结构和智能结构而言，语文是基础工具。同时，语文又是人类文化的重要组成部分。语文课程有丰富的人文内涵，对学生精神世

界有深广的影响。语文教学要依据语文课程的基本特点，遵循语文教学的规律，将发展语文能力与构建人文精神统一起来。

（一）理论依据

1.工具性与人文性的统一，是语文课程的基本特点

从工具性与人文性统一的角度看，将"语"理解为语言，"文"理解为文化是可以的。"语"理解为语言，应指广义的语言，包括口头语和书面语；"文"理解为文化，应指广义的文化，即人类社会历史实践过程中所创造的物质财富和精神财富的总和。语言与文化是密不可分的。文化是语言的条件，语言是文化的产物。语言是文化的载体，语言本身也是一种文化。文学是文化交流的艺术形式，是文化交流的艺术结晶。

2.工具性与人文性的统一，是语文教学的规律

如果没有人文精神作为语文的灵魂，语文将是"空壳"。学生不但应掌握民族语言的语音、词汇和语法，而且应深刻了解民族的历史文化、风俗习惯，成为一个有人文精神的人。不管语音有多准确、词汇有多丰富、语法有多规范，如果不了解一个民族的历史文化，便不能真正掌握一个民族的语言。许多语言大师不仅具有语言驾驭能力，而且具有丰厚的文化底蕴。学生学语文，如果不丰富自己的文化底蕴，就很难有这些大师的气魄和神韵。

（二）指导意义

1.避免纯工具的偏向

语文在任何时候都离不开它表达的思想，离不开产生它的人文环境。语文相对于思想文化才有价值。语文是工具性和人文性的统一，2000年初高中语文教学大纲肯定了这种观点。因此，语文教学不能只单一地从形式的角度去进行语法训练，要从内容的角度去丰富学生的人文内涵和知识经验。

2.语文的问题绝不只是语文本身的问题

表达的问题绝不只是用嘴发音、用笔写字的问题，接受的问题绝不只是用耳听声、用眼看字的问题，根本症结在于人文底蕴和人文价值的流失。语文教学要为学生打好精神的底子，使学生成为具备良好的人文素养和语文能力的新人。语文中的文学作品具有丰富的文化内涵和人文精神。学生阅读大量的文学作品，可以进入作品的精神世界与作品交流对话，探讨人生；学生经过文学作品的熏陶，有利于打下精神的"底子"，构建自己的人生哲学、价值取向、生命追求、精神家园和精神支柱，积累精神财富。如阅读《岳阳楼记》《茅屋为秋风所破歌》，学会如何坦然面对挫折，做生活的强者；学会如何把自己融于人民之中，实现更高的不朽的人生价值。

（三）实施措施

1. 立足"工具性"

语文的工具性决定了语文教学不同于其他学科教学。比如对 1 辆车运来 1 车货物这件事：其他学科注重的是"货物"，思考的是货物的功用；语文注重的是"车"，思考的是车是怎样完好地运载货物的。

就阅读而言，语文教学和其他学科教学都要因文解道。但是其他学科教学的目的是"道"，即理解的内容，以"理解的什么"为突破点；而语文教学的目的是"解"，即理解的本身，以"怎么理解的"为突破点。如果偏重对课文内容的把握，把语文课上成了政治课、生物课、化学课，这就违背了语文独立设科的初衷，是开历史的倒车，遮蔽了语文教学的本来面目。

就作文而言，语文教学不同于其他学科教学：其他学科教学只"因文解道"，解道是目的，即以教学生理解和运用其课文内容为最基本目的。语文教学既要"因文解道"，又要"因道悟文"。解道是手段，悟文才是目的，即以教学生课文的表达形式为最基本的目的，掌握语文这个工具。

2. 抓住"人文性"

真理向前迈出一步就是谬误；"语文是工具"向前迈进一步就陷入了"纯工具"的误区。你站在"工具性"的立场上，既不走极端，又抓住"人文性"，就不会滑入"纯工具"的误区。

语文教育必须关注学生文化底蕴，强根务本。国外许多文化悠久的国家都重视语文学习与文化的关系，重视学生对本民族文化的传承，关注学生对多元文化的了解。语文教学要利用语文课程富有的文化内涵，引导学生认识中华文化的博大精深，继承并弘扬民族的优秀文化，理解和尊重多样文化，汲取人类优秀文化的营养，关心当代文化生活，提高文化品位和审美情趣。

三、语文训练与智力发展统一的原则

语文训练离不开智力活动。语文训练和智力系统各要素密切相关，需要整合各要素，需要智力系统的整体功能推进。语文教学应自觉地发展智力，以促进语文的发展。

（一）理论依据

1. 语文训练要依靠智力系统的整体推进

从系统论立场来看，智力不是一种单一的能力，而是各种认识能力的有机结合——智力系统，它由观察力、感受力、记忆力、思维力、联想力、想象力和表现力等要素构成。智力系统是一个有机整体。智力系统的各要素相互联系、相互制约，每一个要素的发展都要依靠智力系统的整体推进，如言语表达属于表现力的范畴，需要智力系统其他要素作为前提。

2. 智力的核心是思维能力，语言与思维相辅相成

信息论认为思维的过程是"信息输入—信息加工—信息输出"的过程，言语的过程是"信息编码—信息传递—信息解码"的过程。思维过程与言语过程虽然不同，但是，它们同步进行、相辅相成。思维离不开语言，思维活动伴随着内部言语的活动。人们借助词语来代表和概括各种感觉材料，进行思维。没有语言，就不能思维，语言的发展促进思维的发展；语言也离不开思维，言语是思维的外化、物化和反映。思维活跃，言语则丰富；思维周密，言语则严密；思维明晰，言语则清楚。

（二）指导意义

1. 要发展语文能力，必须同时发展智力

语文能力同时以智力作为条件，语文训练同时是智力训练。没有智力参与，听、说、读、写就无法进行；没有智力优势，就没有语文优势。

学生写作苦，苦于材料的贫乏。学生不是缺少生活，而是缺少发现美的"眼睛"。这里的"眼睛"含义是良好的智力，即敏锐的观察、独特的感受、惊人的记忆、敏捷的思维、广泛的联想、奇特的想象和生动的表现。著名作家茅盾就因为有一双充满智慧的"眼睛"，所以才会对平凡的延安生活中的一举一动、一草一木、一说一笑产生兴趣，觉得它们都充满神奇和力量，从中感受到生活的多彩、充实和乐趣。写作的问题不仅是文化问题和技巧问题，而且是智力问题。

2. 发展智力，增强语文整合能力

系统论的整体性原则认为系统的整体功能大于各要素功能之和。知识或能力未经渗透、整合就是零散的，就不能实现价值，就产生不了大的整体功能。比如砖瓦是零散的，未经"整合"，就没有联系，就建不成大厦，就实现不了其自身价值。

听、说、读、写，其综合性都强，都是言语操作者多方面素养与能力的综合反映。我们要培养语文能力，必须同时培养学生的语文整合能力。其一，整合智力中的观察力、感受力、记忆力、思维力、联想力、想象力和表现力，让它们"团结协作"。其二，整合听、说、读、写能力，听、说、读、写是相互关联、相互作用的有机整体，"一损俱损，一荣俱荣"。因此，听、说、读、写应全面训练、协调发展。而这四种能力的整合点则是语感。听、说、读、写离不开语感。语感始终贯穿于听、说、读、写训练。其三，整合语文中的各种知识。新的信息进入大脑，可以解读、整合已有的信息。阅读的过程就是新旧信息相互撞击、融合、渗透和解读的过程，就是不断地、广泛地改组与整合、重建知识结构的过程。

（三）实施措施

1.开发利用语文训练中的智力资源

语文教学要充分认识智力发展在语文训练中的战略意义，增强发展智力的自觉性，开发利用语文训练中的智力发展资源，培养学生的感受力、联想力、想象力、表现力、发散思维能力和求异思维能力，促进智力全面发展。教师可以引导学生调动已有的生活经验去联想、想象、创造和感受，培养学生的联想力、想象力、创造力、感受力和形象思维能力；教师可以引导学生在阅读中分析、概括，培养学生的抽象思维能力；教师可以引导学生将新知识与已有知识建立广泛的联系，培养学生的联想力、感受力和记忆力。总之，教师可以引导学生学习作者敏锐的观察、独特的感受、惊人的记忆、敏捷的思维、广泛的联想、奇特的想象和生动的表现，发展自己的智力。

2.开发利用语文训练中的非智力资源

非智力因素包括动机、兴趣、情感、意志和性格等，它们都能推动智力发展。有了非智力因素，才能"飞"智力。非智力因素如同空气，智力只有凭借这"空气"才能腾飞。没有非智力因素的配合，智力活动便不能发生，也不能持续。语文教学有着天然的非智力资源优势，我们要积极开发利用它，推动智力发展。语文教材中感人的意境、生动的艺术形象和优美的语言都能给人以审美愉悦，激发起学生浓厚的兴趣、强烈的情感、坚强的意志和独立自主的性格，使智力中的感受真切、记忆深刻、思维活跃、联想广泛、想象大胆、表现欲强烈。

四、语文教学贴近生活的原则

语文能力是基本的生活交际能力，语文教学的外延与生活的外延相等。语文教学必须贴近生活。教师在课堂上"举一"，学生在生活中"反三"。学生要得法于课堂，必须来自生活。

（一）理论依据

1.生活是最好的教育

陶行知生活教育理论的精髓就是"社会即学校，生活即教育，教学做合一"。社会是最大的学校，生活是最好的教育。在那里，你看不见学校、教师和教材，但它又处处是学校、教师和教材。生活无时、无处、无事不在教育人。苦、辣、酸、甜，是生活的味；赤、橙、黄、绿，是生活的色。你投入生活，你自身就会丰富、成熟、坚强。语文教学是母语教学。生活中的语文教学资源无限丰富，无时不有，无处不在，无事不可。

2. 语文能力是生活能力

语文是生活的重要组成部分，语文能力是生活能力。语文能力犹如氧气，每个人都处在一个具体的语言环境中，因有了这个环境中的语文能力而生存，就像每一个人都处在一个具体的时空中，因有了这个时空中的氧气而生存。一个人没有氧气就不能活；一个人没有语文能力，也难以生存。如果你不会当地的语言，你就会有被抛弃的感觉。语文的工具性、实践性和综合性决定了语文教学必须走生活化之路。

语文独立设科以来曾被称作"辞章""中国文学""中国文字""国文""国语"，直到1949年才叫"语文"这个现名。语文名称的变化反映出语文越来越贴近生活的趋势。如果语文教学脱离生活，那就是"走回头路"。

（二）实施措施

语文教学必须走出封闭的课堂教学模式。刘国正先生提出：语文教学的阵地有课堂、校园和社会。课堂，是学习的主要"根据地"；校园，包括各科教学和课外活动；社会，包括家庭。张孝纯先生探索出了"一体两翼"的大语文教育模式。"一体"，指课堂教学这个主体；"两翼"，指大力开展语文课外活动和强化语文环境的积极影响。他们都致力于建立开放型的语文教学体系。

1. 语文教学生活化

课堂语文资源源于生活，也必须依靠生活来解读和内化。生活是课堂的延伸、补充、扩展、加深和实践。语文教学应树立大语文教育观，建立开放型的语文教学体系，拓宽学生语文学习和实践的空间，创建良好的语文学习环境，把语文建设为既开放又有活力的课程。只有开放语文、走进生活，才能增强语文教学的活力。姚竹青先生提出了"教大语文，育小能人"的观点。要成为语文能人，既依靠课堂训练，又要依靠广阔的生活。因此，阅读训练应引导学生联系生活、体验生活；写作训练应贴近学生实际，引导学生热爱生活、观察生活；口语训练应选择贴近生活的话题，引导学生深入生活、关注生活；选编语文教材，既要注重人文内涵，又要注重贴近学生的现实生活。我们还应开展多种形式的语文学习活动，如报告会、演讲会、辩论会、研讨会、戏剧表演、影评等。

2. 生活语文教育化

生活中蕴藏着丰富的自然、社会、人文等各种语文教学资源。语文教学要有强烈的资源意识，沟通课堂内外，建立与社区的联系，争取社区的支持，努力利用和开发学校、家庭和社区的语文教学资源，把生活中的事件、现象、话题、自然风光、文物古迹、风俗民情、电影、电视、广播、网络、说明书和导游词作为语文教学的资源，把图书馆、博物馆、纪念馆、展览馆、布告栏、报廊和标牌作为语文教学的空间。我们要引导学生在家庭生活、学校生活中尝试运用语文知识和能力解决简单问题；引导学生为解决与学习生活相关的问题，利用图书馆、网络等信息渠道获取资料，尝试写简单的研究报告；引导学生品评广告词、店名、商标名、俗语、古训、警句、标语和歌词，坚持写语感随笔；引导学生在日常生活中锻炼口语交际能力。

另外，语文教学要沟通各科教学，密切联系学生各科的学习生活，注重跨学科的语文学习。任何一科的教学都是运用语文来完成的，语文是沟通各种学科的桥梁。可以利用不同学科进行语文综合性学习，推动听、说、读、写能力整体发展。

第四节 初中语文教学调控

教学调控指的是课堂教学调控，它本身就是一个系统。这个系统的子系统包括教学组织、教学交往、心理调控、学习评价、教学反馈、教学管理等。

一、课堂教学的调控

对于课堂教学调控，国内的心理学著作大都喜欢译为"心理监控"或"教学监控"。因"监控"一词有违教学的民主性和互动性，有违对"教"与"学"主体的尊重，故以"教学调控"较为适宜。

（一）课堂教学组织管理

课堂教学组织是课堂教学活动开展的前提。苏联教育学家凯洛夫的教学模式"组—复—新—巩—布"就把组织教学放在最前边。

课堂教学的组织主要是对教学活动的组织。教学活动是有目的、有计划进行的。教学活动的计划包含在教学设计即教案中。这就是说，教学活动的组织从教学准备时就开始了。教学活动的组织是融于教学活动中的，而最常用、最有效的方式是课堂提问。通过有效的提问来调动学生，推动教学情节发展。安排群体活动是教学活动的又一方式，如安排齐读、讨论等课堂活动。

课堂教学的管理，主要是对学习纪律和学习氛围的管理，一般有活动管理法，即以推进或改换教学活动达到管理的目的；眼神管理法，即教师将讲课内容烂熟于心，其目光几乎全部用于教学管理；语音管理法，即用讲课声音的抑扬、顿挫来集中学生的注意；趋近管理法，即教师一边讲课一边向违纪学生或"问题学生"靠近，用身影提醒学生；媒体管理法，即改换教学媒体，让学生注意力倾注于教学内容；语言管理法，即教师在无可奈何时可以使用提醒式语言、批评式语言等来达到管理的目的。

课堂教学的组织和管理都可以是师生互动或学生主动，这是课堂教学管理的较高级形式。

课堂教学管理以不抑制学生生命活力、思维活跃为前提，管理得好的课堂是活而不乱、严而不死的。

（二）师生心理相互调控

课堂教学管理对于学生的心理和行为而言，实际是一个调控问题。课堂教学调控主要有师生行为调控和师生心理调控两类。

1. 心理条件问题

师生心理调控，要考虑心理条件问题，也关联任务操作问题。心理条件方面，涉及师生的知识结构、智能结构、个性结构和情绪状态。由于教师和学生的知识结构存在着差距，使得"教"与"学"发生了矛盾；或者教师课题组织管理能力差，或诊断能力差而导致课堂内学生心理失衡；更多的是学生学习个性与教师教学个性发生隐性冲突，师生的价值观不一致而引起心理冲突；师生的注意状态、理智状态、创新心理状态差别也会引发心理问题等，这些都是教师必须探究其发生的原因，从根源上调节自己的自己心理，并教会学生如何调节心理，千万不能简单地指责、批评学生，避免学生产生更严重、更多的心理问题。

2. 任务操作问题

这里主要谈谈任务操作方面的问题。教学目标设计过高或过低引起学习行为过分紧张或松散，教学内容呈现单一导致学生行为疲劳，教学方法选择不当或很少变化使得学习个性的疲惫或抵触而产生非学习行为，或因表达、操作失当，或应变能力、因材施教能力差而引起一些不自觉行为，师生的文化背景、行为习惯差异大而出现习惯性冲突，教师维持纪律的语言、行为失当而使纪律更差，教学目标达成程度低而引起教师和部分学生的心理、行为问题等，这些任务操作问题要靠调节教学问题来解决。

3. 师生互动问题

师生行为调控，是一个师生教学交往的问题，也是一个教学互动问题。这里重要的是师生互动。教师要敏于收集学生的反馈，及时调控自己或调控学生；教师同时要教会学生相互调控和自我调控；进一步教会学生调控教师，从主客两方面促进师生心理和行为和谐。自我调控的实质是规范行为，养成良好的心态；相互调控的实质是主体性与个性化磨合的过程，是个体个性化的过程。善于相互调控是一种民主性、参与性教学的突出特征。

（三）学生自我心理调控

从根本上说，要教会学生进行自我心理调控。在课堂教学活动中，教师要诱导学生进行自我心理调控。对于学生学习，就主观方面说主要有四个内在因素：①学习智力因素。学生智力对学习内容所要求的接受度常常不一致，这时学生可以对自己采取严厉态度，激发生命潜能，调动非智力因素来强化智力因素，也可采取宽容态度，降低学习目标的标准。②学习非智力因素指学习的动机、态度、兴趣、责任感、成就感、价值观等。在学习中常常需要调动、利用、优化这些因素。③学习能力因素主要指学生吸收、加工、提取教学过程中传递着的信息流、智慧流的能力。调控需要自己检查这些环节，增强这些能力，提高速率。④学习策略因素，即学习程序和心智策略，包括学习方法、思维图式等。在学习效率降低或学习过程受阻时，需要自我"刷新"或改变学习方法，选择或创新思维图式。

1. 学习心理自我调控的方式

学习心理自我调控的方式一般指动机调控，即明确或端正学习动机，摆正角色位置；目标调控，以本堂课的教学目标或自己的成材目标来调控学习；需要调控，以自己一种或几种最现实、最具动力作用的目标进行调控；规范调控，以行为规范、教学纪律来调控自己；激励调控，自觉用榜样、奖励、惩罚等激励自己；氛围调控，即有意识让自己沉浸在良好的学习氛围中以受到感染。

2. 自我调控学习

心理学家班杜拉将学生自我调控学习活动分成三步：第一步是自我观察，即对自己的学习过程，如目标、活动、评价等进行审视和预估；第二步是自我判断，把学习行为与学习目标进行比较，以调节自己的学习策略、行为和过程等；第三步是自我反应，是对自己学习行为的反应，判断自我行为的效度，并对自己学习行为做出表扬、奖赏、责备、惩罚等，从而进行调控。

二、教学目标的检测

教学评价是教学调控的主要方式之一。因此，教育心理学家布卢姆认为教学活动由目标、过程、评价三个维度构成，它们相互影响。教学活动过程是为了达成教学目标，而教学评价必须依据目标来进行。教学活动过程是为了实现教学目标，并且总是对教学目标不断地反馈，而教学过程也不断受到教学评价的影响。教学评价是教学活动的"指挥棒"，它最终判断教学目标的达成度，因而教学评价是教学活动的重要组成部分。

（一）课堂教学目标的达成

教学是一种有目的、有计划、有组织的活动。课堂教学要设计目标，经过一系列的教学活动去达成或基本达成教学目标。

1. 教学目标

所谓教学目标是回答"教学希望达到一个什么结果"的问题。教学目标体现了教学具体的功利性。教学目标受教育战略、教育政策和教育方针控制。教学目标具体地受课程目标、教学大纲制约，它有学段目标、学期目标、单元目标、课时目标等。单元目标、课时目标是近期目标；学段目标、学期目标是中期目标；终身育人目标是远期目标。后者包含在教育战略、教育方针中。教学要辩证地兼顾近期、中期、远期的目标，决不能仅顾及近期和中期的目标。

教师根据教学目标制订教学计划，依据教学计划编制教案，由执行教案安排组织教学活动。生成性强的教学活动往往也是随机性很强的。在一个随机性很强的活动过程中，教师要时时对照教学目标来调节教学活动；当教学活动偏重时，也可反过来，教师要根据教学活动调节教学目标。

按布卢姆的观点，制订教学目标时要把"希望"与"可能"很好地结合起来。教学目标有个价值尺度问题，即目标与学生的"需要"契合度有多大，供学生的选择度就有多大。教学目标有个与学生发展水平符合程度水平，即目标需要符合学生智力水平、身心特点、知识系统、经验背景、学习能力、个性特征等。教学目标还有个明确度和可操作度的问题，即课堂教学目标要明确具体，具有强有力的沟通作用，要师生便于操作，且具有可检测性。

2. 教学目标达成

课堂教学目标是由师生互动的教学活动一步步达成的。这里就有个用教学目标做尺度来调控教学活动的问题。"目标教学"就是开课时先将教学目标鲜明地摆出来，让学生与教师一起用目标调控活动。

教师必须有很强的质量意识、效能意识，要对自己的课堂行为不断地反省：我这样说、这样做有什么用——对激发和保持学习兴趣有什么用？对提高学业成绩有什么用？对学生终身发展有什么用？教师只有不断地以"有什么用"来检查、追问自己的教学行为，才可能实现教学过程的最优化，提高教学质量。

教学质量的产生和形成是教导主体和学习主体互动的结果。教学过程实际是一个教、学、管理有机结合、相互作用的过程。这个过程的每个环节都对教学目标的达成产生直接或间接的影响。其中教师教导的质量是教学活动过程的质量的基础。学生学习的质量是教学活动过程的质量的关键和最终体现。教师在达成教学目标的过程中要致力于把教师的"教"转化成学生的"学"。

（二）教学信息的反馈与处理

从信息论的角度看，教学活动就是一个连环不断的信息输入—处理—反馈的过程。所谓教学速率，就是千方百计提高信息输入—处理—反馈的速度。所谓教学质量，就是输入信息的真实度高，处理信息有利于贮存、使用和提取，反馈信息真实而能促进下一批信息的输入、处理；在此前提下，应尽量提高速率。

1.学习活动的信息论考查

从学生学习的角度说，学习活动就是一个连环不断的信息吸收—加工—提取的过程。信息吸收要拓宽和增多信息通道，拓宽信息通道的办法是激发和保持兴趣；增多信息通道的办法是打开多个感官参与学习活动，尽量让听、说、读、思、行同时进行。信息加工过程是将新信息结合到原有认知图式中，或利用原有认知图式和现有新信息创建新认知图式的过程。教师要善于引导学生利用自己个性化的认知图式高效学习。信息提取有原样提取、变式提取、图式提取三种情况。原样提取，是将仅仅贮存而没有加工过的信息提取出来运用。变式提取，是根据自己的需求把信息即时性加工，再提取运用。图式提取，指信息已经过"深加工"，变成了自我的认知图式，原信息已变成了策略性知识，提取它作为工具来解决新问题。

2.教学中的反馈

严格地说，教师在课堂上的智力活动主要不是执行教案，因为它已烂熟于心了，而主要是在不断地收集学生的信息反馈，并快速处理、及时应答，调控课堂教学。课堂教学信息反馈包括学生质疑、学生问答、学生练习、师生活动、学生神态、课堂动态、课堂氛围等，学生的一言一行都是一种教学反馈。教师的教学就是对这种教学动态的引导和调控，不断地对每个有意义的反馈做出应对，使师生协调、行为融洽，使教学场的活力达到最大。

（三）语文课堂教学的评价

语文课堂教学评价是十分必要的。一是以考察教师的"教"为主的评价。这种评价把语文教学主要看成艺术，是一种过程性评价。其教学文化认为：教师教得好，学生就一定能学得好。它强调了环境的主体性，但重视主体的主创性不够。二是以考查学生的"学"为主的评价。这种评价把语文教学主要看成科学，喜欢用结果的量化来评价教学。其教学文化认为学生学得好是教学的唯一目的，认为各类学习都可以看成师源性学习。三是综合考察师生"教"与"学"的评价。这是既重过程也重结果的教学评价，是将定性与定量结合的一种评价，是把语文教学看成艺术的同时看成科学的一种评价。它认为应辩证地看待"师高弟子强"与"弟子强则师高"，教学质量是环境作用通过主体努力而发生的作用价值，教学主要发展学习主体，同时也促进教导主体发展。

1. 内部评价

语文课堂教学评价一般采取内部评价为主的方式。教学主体自己用各种方式评价教学活动，是内部评价；反之，领导机关或其他业务人员、同行、专家等评价教学，是外部评价。内部评价主要是教师评价。教师每堂课有自己的感觉和体悟，感到轻松愉快的大都是比较优秀的教学，所以应该及时总结出教学模式。教师要不断对自己的教学反省，思考每一个情节、每一个行为的得与失。教师要在认真地处理教学反馈时自己积累的经验教训。教师要通过教学中的提问、课堂作业、课内检测来评价学生达到教学目标的程度，以此评价自己的教学。教师还可以直接收集学生的意见和建议，明确自己教学的得与失。

2. 学生自我评价

内部评价最好是学生自我评价。学生通过主体参与教学活动，并体验自己的参与度来评价自己学习的收获大小。学生也可以用"学得又好又轻松"为尺度来感觉自己的学习优劣。学生用自己是否与教师互动、是否提出有价值的问题来衡量自己的学习。学生不仅用活动学习，还用自省学习的收效大小来评价自己。学生要从课堂中每次自己的表演包括答问、讨论、争辩、练习等，通过与其他同学的表演相比较来评价自己的学习行为质量和学习程度。学生要通过教师和同伴的评价来自我判定学习目标的达成度。学生更多的是从作业、测验等的成绩来评判自己的学习。学生每次的自我评价，既要评出不足，又要评出进步、评出信心，要在评价中不断成长。

第三章 初中语文教学的导入艺术

在进行本章内容的阐述前，应当明确一个事实，即"导入"是一个泛指的概念，并不仅限于课前的导入，也包含课堂中的导入、承上启下等，同时也包括学生在写作中的导入设计。而在本章的后两节中对语文课堂教学中的"阅读""写作"两部分中"悬疑导入艺术"的应用进行了具体解释。

第一节 课堂导入艺术的总论

一、课堂导入艺术的价值

（一）激发学生兴趣，提高课堂注意力

注意力是学习的先导，它对学生的影响是最直接的，学生只有对所学的知识产生兴趣，才会好学、乐学。如果学生对教师所讲的内容不感兴趣，那么，教师无论讲得多好，也只是自我陶醉，影响不了学生。因此，课堂导入艺术的主要价值在于培养学生的学习兴趣，激发学习的欲望，增强学生的求知欲，调动起学生学习的积极性、主动性，要引导学生自愿地接受新的知识，探索和理解新知识来达到掌握新知识的目的。要使学生学好语文，就必须积极培养学习语文的兴趣。在导入设计时，教师应当依据教学内容，设计能激发学生兴趣的教学模式。每一位教师都希望在上课的一开始学生能够处于积极的状态，但实际情况是有的学生一上课还沉浸在课间玩耍的状态，这样的课堂学习气氛不可能浓郁，因此在这个时候，教师就应该积极采取应对措施，一个有效的课堂导入能够触及学生的兴趣点，有效地把学生的注意力吸引到课堂上来。

（二）培养和训练学生的思维，提高课堂效率

在进行教学实践的时候，在多数情况下教师导入往往会把学生学习遇到困难的方面想得太过周到，在这样的情况下，很多问题都已经被教师解决了，这样反而起不到培养和训练学生思维的效果。如果学生没有机会尝试为求解而奋斗的喜怒哀乐，那么，这样的教育是失败的；如果学生不能够独立地学习，那么，教师至少也应当想尽办法让学生感到自己是在独立工作的。为了做到这一点，教师应该考虑周到地、不显眼地帮助学生。因此，在设计导入新课时，应该立足于启发引导。作为教师所面临的挑战就是如何洞察学生的心灵世界。因此，教师在设计导语时应当随时考虑到学生的学习需要、学习期待以及焦虑水平等各方面因素，从各种现实生活入手设计导入，让学生能够正确认识学习语文的社会意义和个人意义。让学生将语文学习和自己的生活、人生价值有机联系起来，形成一个远景性的动机，提起学生学习语文的积极性和自觉性，并激发学生思维，能够对学习过程和结果产生有利的影响。

（三）有效沟通师生关系，加强学生情感体验

教师和学生良好的心理沟通是上好课的前提。如果教师可以有效利用教学艺术进行导入教学，将有利于消除学生上课伊始的紧张感，使其更愿意接近教师，和教师进行互动。一个幽默的导入能够消解学生紧张的情绪，营造一种轻松的氛围，有利于学生的情绪调节，在欢乐中理解教学内容不仅可以引发学生兴趣，还可以给学生一种为人做事受智慧的熏陶和感染，为学习新课做好铺垫。这一定是富有智慧艺术才能的教师才能够做到的，幽默的前提是具备丰厚的知识。教师在上课伊始的一个慰问、一个表情都有可能和学生心灵建起一座桥梁。初中学生有强烈的自我展示欲望，这样一来也可以为学生提供自我展示机会。语文新课改要求把课堂还给学生，以教师为主导、学生为主体，要求学生和教师共同参与。因此，教师要根据课堂内容取舍在适当的时间能够把课堂导入的"权利"交给学生，让这些具有强烈表现欲望的初中生有一个展示自我的机会，这样既可以营造一种开放活泼的氛围，又可以增强语文学科在学生心目中的地位和魅力。

二、课堂导入艺术的设计原则

课堂导入作为课堂的初始环节是学生学习的准备阶段，同时又是过渡阶段。导入的目的要把学生的注意力集中到课堂上来，为实现教学目标服务。富有艺术性的课堂导入没有一个固定的模式，根据不同的教学内容、不同的课文文体、不同的篇章进行

不一样的设计，但要求贴合学生的实际，导入也有它应该遵循的原则，一般语文课堂导入遵循以下三个原则：

（一）导控性原则

导控的意思就是引导和掌控。导入就是要引导学生的顺向心理定式，可以使学生的注意力和兴趣向着教师预设的教学目标移动，营造一种和课堂教学内容一致的氛围，使学生有良好的心理准备，进入教师预设的轨道，这就是教师主导的要义。学习的过程是一个认知过程，这是一个整体的认知，也是这个大过程当中一个具体的环节。在教学过程中，教师的教学任务就是帮助学生把来自环境的各种信息或情境转化成获取一种新能力需要的信息，学生通过自己对来自环境刺激所带来的信息进行内在地认知加工，从而获得能力的一个过程。外界的刺激对学生的学习具有重大意义。导入的设计中教师的导控性显得十分重要，不同的情况可以选择不同的角度来进行导控，如情感导控、思路导控、意境导控都是常见的导控。

（二）一个中心原则

一堂课的教学目标、教学重难点、教学方法、教学内容之间都要有关联性、一致性，每一个环节都要为一个中心服务。教学活动都是为了学生的发展，因此为了达到教学目标，必须在每一个环节都要落到实处，课堂导入也是教学的一个环节，因此它必须和教学目标、教学重难点、教学内容保持一致性。有的课堂导入常常背离教学目标，看似花哨，其实没有多大用处。不恰当的导入会使学生的思维和注意力偏离教学目标和教学重点难点，所以作为课堂的主导者教师，一定要避免这样的情况发生。课堂导入一定要围绕教学目的、教学内容以及学生自身的特点和实际的水平慎重选择导入的方法、素材。课堂不仅要显得灵活、有趣，也要注意有的放矢，让学生在一开始就往正确的方向发展，才能在导入中获取本节课的主要信息。因此，导入的一致性要做到以下三个方面：

1. 导入要和教学内容相一致

课堂导入的目的是把学生的注意力引导到本节课的教学内容上来，无论何种形式的导入都必须和教学内容一致，如在教文言文的时候，讲到一些文言文的虚实词时就可以回顾以往学过的内容，让学生在回顾的同时又可以作系统的比较，理解虚词、实词在不同语境中表达含义的不同之处；在讲小说的时候，可以从人物形象入手，从小说塑造的扁平人物或者典型人物着手，从而对小说的人物进行解读和分析；在讲散文的时候，可以从文章的形散神不散讲起，运用散文的情节、环境之间的灵活组合，让学生学习散文的写作手法，能够鉴赏不同类型的散文。导入始终都要把学生的思维和注意力引到课堂的重难点上，在无形之中提高学习效率。

2. 导入要和情感相一致

不同的课文有不同的语言风格和情感，课堂导入的重大任务就是在学生和课文之间架起一座桥梁，可以使学生尽快融入课文中，因此导入必须和文章的情感相一致。例如，在教诗词的时候可以通过组织一些语言营造氛围，或者利用多媒体渲染出和诗词相符合的氛围，让学生产生一定的情绪和心理定式，通过多媒体结合使学生能够融入诗歌的感情基调之中，这样更便于学生理解诗歌。如果导入的感情与所学文章不一致，或者做一些错误的点拨就会误导学生。

3. 导入要和学生的心理氛围相一致

在课堂教学中，学生的心理氛围也会影响教学过程。教学的心理氛围包括心境、情绪、师生关系，还有学生的态度等。在课堂导入时要充分认识到这一点，要抓住学生的心理特点观察学生的学习态度和对周围事物的态度。例如在教授《故都的秋》时可以让学生先感受自己故乡的秋，自己心目中、自己笔下描写的秋一定有它独特的美，这是外乡人不能感受到的美，这样的导入既可以从感情的角度切入，又可以让学生有一种独特的心理体验，告诉学生在欣赏郁达夫笔下的《故都的秋》时要站在作者的角度去体悟这样的感情，这样就可以保持与原文相一致的心理氛围，进而根据学生的好奇心和兴奋点设计不同的导语。

（三）精简性原则

课堂导入只是教学环节中的一个初始环节，只是一个序幕，因此时间有限，应该在有限的时间内做到精简又有效率。有这么一则故事："有一位牧师在进行一场募捐演讲，当一开始牧师讲完第一句话后就立即有人进行捐款，然而当这位牧师继续讲下去的时候，捐款的人越来越少。"显然，言多必失，讲得越多，可能有的人就会对我们所说的内容不赞同或者反感。导入应该抓住实质的内容，最重要、最本质的内容进行，而且导言一定要精练简洁，千万要避免词不达意，与文本没有关联，天马行空。导入设计应当精心设计、精练简明、反复锤炼。在短短的导入过程中要包含所需要的信息，应该对当堂课讲的主要内容加以概括性的引述，或者点题，还可以渲染一下气氛，切记不要喧宾夺主。因此导入不需要用过多的时间，这需要教师对时间把控得当。如今多媒体盛行，一些类似于放音乐、展示相关画面等步骤要适可而止，不可以占用大量的时间，因为语文课应当以语文为主，而并非音乐课、鉴赏课，导语要始终指向教学目标。

例如在教《锁忆》一文时,可以直接抓住重点句"横眉冷对千夫指,俯首甘为孺子牛"作为导入的主线,这种导入既精练简洁又抓住文章的主旨,能让学生正确地理解课文,抓住课文重点。再如，在讲《斑纹》一课时，可以先展示蝴蝶的图片，然后问学生蝴蝶的主要特征，学生回答出以后可以再启发学生观察细部的特征，引导学生从不同角度、用不同知识观察事物，将会得出不同的结果。这种导入能让学生由形象入思考，把学生的兴趣引到教学目标上来，提高学习效率。

这样的导入表意不明，举例新奇，把严肃的教学内容教得妙趣横生，同时又可以启发学生思考，让学生在欢笑之余可以加深对课文的理解，得到深刻的启发，进而快速把学生引至对新知识的学习上来。课堂导入是一个千变万化的过程，教学过程也是步步新意的变换过程，因此在不同的教学情境下，一些预设的方案可能并不适用，预设的方案会影响教师的灵感，所以教师必须随机应变，结合教学内容，使得课堂导入能够灵活多变，运用多种思路，多几手准备，多几个方案，教师应该富有教学机智，能够随机应变，把导入发挥得妙趣夺人。

三、课堂导入艺术的具体要求

在对中学语文课堂导入有了新的理解之后，就要将理解内化了的原则和内容付诸实践和设计。语文教材是实现语文课程目标最重要的工具和中介，它不仅体现了语文的教学内容，还为教师、学生以及整个教学过程提供了平台，教师可以通过语文教材进行教学设计，让学生在与教师相互交流中学习语文知识，让学生在互动和建构当中学到基础知识和基本技能，从而提高语文的素养和能力。针对课堂导入的艺术性，本书对设计要素进行了简要探寻。对于一个巧妙的课堂导入，不管是一个技巧还是一句导语，如果用得好就可以把学生分散的思维聚集到一起，可以催使学生前进，给学生以启迪。下面笔者结合自己对语文导入的理解和实习过程当中的经历，给语文导入归纳了以下三个方面，来体现导语的艺术性。

（一）树立导入艺术理念，唤起学生阅读期待

如果一个教师能运用多种传播手段和教学技巧，创设不同的教学仿真情境，这样一定能让他的学生很快融入角色，让学生身临其境，这样的情感体验一定是最真实的。任何一位读者在阅读作品之前都处在一种先在理解或者先在知识的状态，没有这种先在理解或者先在知识，任何新事物都不可能为经验所接受。这种"先在理解"就是期待视野。由此可知，阅读期待对激发学生的学习动机有着至关重要的作用，学生有了阅读期待才会满怀学习欲望和兴趣地投入学习。

1.明确教学任务

从一开始就明确教学的任务，能够使教师在教学过程中少走许多歪路。每一堂语文课都有具体的教学任务，整堂课的进行应该始终围绕着教学目标展开，教学重点、

难点也不能脱离教学目标，任何与教学任务、教学目标偏离的内容都是徒劳无效的，只会浪费时间，并达不到预期的效果。课堂的导入是一个小小的开头，为整个语文教学打开一个思路，并且要服务于教学内容的整体，如果脱离教学整体就会失去它本来的意义，导入如果和内容脱节，即使它再精彩、再生动独特，也不可能有好的效果。

积极拓展课内阅读，以课内阅读文本为基点向有关的篇目拓展和延伸，能使学生多维度理解文本。例如，在教授《关雎》的时候，教师可以在课前让学生选择《诗经》当中的其他篇目进行阅读，如先阅读《硕鼠》《伐檀》等篇目，在阅读这些篇目时，学生能够了解到重章叠句的特点，以及诗经当中赋比兴的运用，领悟什么是反复涵泳等写法。教师还可以在导入的时候针对课文的相关背景资料，拓展学生的阅读期待视野，如在教授郁达夫《故都的秋》一文时，可以先选择他的散文《郁达夫自传》里面的相关篇章设计一个辅助资料，让学生能够更好地理解作者在《故都的秋》里面表达出的悲凉和孤独之情，只有让学生从背景导入理解文本，才能更好地构建他们的阅读期待视野。

2. 运用生动的语言和情境创设唤起学生阅读期待

如果教师能运用声情并茂的讲述和生动的语言去调动学生对文本的阅读期待，并如导游一般引导学生领略文章中每一处优美的地方，又如一个音乐家一样随时调动学生心灵的琴弦，还要能够对学生的情绪进行导控或调解，将学生纷乱散发性的思维和不平静的心情及时地引导到知识上来，顺着教师的思路走。这样教师和学生、学生和文本一定能达成共鸣。所以，教师不能要求开始学习阅读的学生具有很强的内在动机，而应该在阅读的活动中逐步培养他们对于阅读的内在动机。在实际的教学工作中，教师也不可能要求学生完全由内在动机的推动来进行学习，完全否定外部强化的作用。因此，应该把内在动机与外加动机很好地结合起来，并逐步去加强和发展学生的内在动机。

例如，在讲诗歌《雨巷》时，某教师在课前很用心地搜集了关于戴望舒及江南雨巷的相关资料，特地选择了一位撑着油纸伞、身着旗袍的女人慢悠悠地走弯曲的江南小巷作为背景，还配了乐曲《渔舟唱晚》作为背景曲目制作成一个融多媒体、影像、音乐为一体的课件在课堂导入时使用，以此来烘托江南的意境，制造诗歌意向，这样的一个阅读情境果然不出所料地达到了良好的课堂效果，学生虽然还未学《雨巷》这篇课文，但是已经能在这样的一个情境下被宁静、朦胧的画面所感染，神情态度受情境影响，这时候教师再播放某歌手演唱的《雨巷》，紧接着提出疑问："这首歌的演唱者有没有唱出戴望舒的情怀？"之后根据学生回答点出《雨巷》这首诗正是表达了作者对丁香姑娘的爱慕之情，随后话锋一转，带领学生走进《雨巷》这首诗。

在教学过程中，教师不应该要求学生在上课伊始就有很强的学习欲望和内在动机，应该运用教学艺术在教学过程的活动中逐渐地去加强学生的内在动力，在一开始激起了学生的阅读期待，对于教师的教和学生的学都是起促进作用的。在导入环节时，教师的语言一定是富有感染力的，不论是讲一个富有激情的文章，还是带有讽刺意味的文本，教师的导入应该使导入的语言或者情感色彩显得十分鲜明，并且导入时的表达应该有逻辑、有条理、有针对性，同时也要求语言的生动，让每一句话都能充满激情，才能够在课堂的一开始就扣人心弦，使学生产生强烈求知欲。

（二）导入形式多样，满足学生多层次需求

课堂导入的灵活是指课堂导入应该是多变的，根据不同的情况、不同的问题应当有不同的导入方法，不是所有的导入都千篇一律，生成性导入指的就是这种情况。在课堂教学的过程当中，由于是教师和学生的双边活动，会有很多突发的、没有预设过的状况，这些状况可能会让教师措手不及，让教师原先预设的导入无法实现，在这种情况下教师就是要随机应变。这就是教师体现自己教学机智的时候，灵活的反应就显得十分重要，教师应该能够吃透学生的基础和他们的反应能力，能够在导入的时候做到得心应手，可以灵活地处理随时可能发生的状况。

俗话说"好之者不如乐之者"，古人早就知道"兴趣是最好的老师"，如果导入能够激起学生的好奇心和兴趣，那我们就成功了一半。在导入环节运用一些学生喜闻乐见的背景知识或者学生喜欢的上课形式，应该充分调动学生的好奇心，能够引导学生在愉快的气氛中进入课程学习，那么课堂效率一定会提高很多。如果学生在一堂课一开始就很活跃，笔者相信整堂课的气氛也不会太差。

因此，教师要能够根据不同的课堂情境，结合课堂教学的内容随时随地地调整导入设计，有多重思路、多种手段和形式、预备多套方案来应对千变万化的语文课堂。例如，在教授《闻一多先生的说和做》一文时，某教师向学生指出本篇文章中体现出的闻一多先生严谨、谦逊的态度，不料有位学生站起来说："我怎么就是读不出来闻一多先生有严谨的态度呢？"这样的插曲是很多教师意料不到的，在这个时候，该教师对他说："你说的这个情况正是我想要和同学讨论的问题，读文章时要深入理解作者所想表达的含义，那是我们在对文章内容和作者之间产生共鸣后才形成的。那么，到底怎样才能产生共鸣呢？这是需要我们在这节课需要深入探讨的。"对于这样的导入，教师从人生观、历史背景的角度做了简要阐述，化解了课堂尴尬问题，又开拓了学生的视野，顺利导入新课。

（三）具有趣味性、启发性，能激发学生思维

孔子曾说过："不愤不启，不悱不发，举一隅不以三隅反，则不复也。"他开创

了启发式的教学原则。一堂好的语文课一定能激起学生的兴趣，犹如投石击水般激起思维的涟漪。因此，教师在设计导入时，应该具有激励性，能够在课堂一开始就激发起学生内在的积极性，这个激励性应该在导入时的各个举动如教师的一句话、一个表情、一个动作，随时都能激起学生的好奇心和观察力，能在第一时间使得课程能吸引住学生，让学生对随后的课堂教学有兴趣。

导入的内容要具有启发性，能够引导学生的思路，要引导学生进行知识的迁移，教师可以举一些简明的例子让学生能够得到深刻的启发，可以在课堂一开始让学生去思考发现问题。一个好的导入艺术能激发学生的思维，让学生自主地去解决问题，并且有解决问题的热忱，能够调动学生的情绪和积极性，导入的问题能够促进学生更好地去理解课文、感悟课文，启发学生的思维。思维往往都是从解决问题开始，然后又深入问题之中，再到文本去寻找答案的依据。

导入始终与问题相联系，如果学生在一开始就对问题感兴趣，肯定就会有动力去解决它，因此便会动脑筋思考，这样的导入自然会为学生很好地理解课文提供了条件，好的问题能够使课堂充满活力，因此就会有好的效果，因此导入的成败就在于启发学生的思维。有一位教师在教《孔乙己》时，板书课题之后问学生："孔乙己叫什么？"学生不假思索地回答道："孔乙己。"该教师又问："孔乙己是他的名字吗？"学生毫无疑问地回答道："是绰号。"教师紧接着又问："孔乙己读了那么多的书，怎么连自己的名字都没有？"学生此刻立即对这个反常的问题感兴趣起来，进入沉思，此时学生学习的积极性随之调动起来，对将要学习的内容产生了浓厚的兴趣，无形之中奠定了学生主动阅读、主动获取信息、自觉思考的基础。

四、初中语文课堂导入艺术运用策略

教学艺术对语文教学的作用可谓甚大，教学导入应该考虑语言的艺术性。一个语文教师，如果他的教学技术高超，那他一定具备教学艺术。如果一堂课的开始想要扣人心弦，让学生能够开拓思维，导入就一定要讲究教学艺术，平淡无奇的导入是很难抓住学生的内心的。如何做到语言的艺术性呢？首先是语言的准确性，语言还要讲求科学和思想。其次，导入的语言应该考虑到学生的接受能力。不同的导入方法应该采取不同的教学艺术，如创设情境导入、直观演示、新旧知识连接或者是设置悬念，这些不同的导入都需要运用不同的语言艺术，这样就能体现教师高超的教学艺术。

（一）围绕重点，为目标的达成埋伏笔

1.导入设计需突出重点

一堂语文课四十五分钟，它不同于说相声，这四十五分钟有很强的目的性，要

紧扣教学目标，且教学重点难点、教学的段落、层次等都要相互衔接起来，短短的四十五分钟，必须分秒必争，每一个重难点都要落实，时间要很好地进行分配。因此，课堂的目的性是十分重要的，任何随意的、没有逻辑的语文课都不会成功，盲目地进行教学也是万万不可取的。教学导入所用的内容一定要结合学生的特点，不可以脱离教学实际，课堂导入一定要把握好时间，因为一堂课的内容有时候会很多，所用的导入应该显得简洁且有针对性。因此，对导入方法的要求就一定要简洁，要把本堂课所要学习的重点、难点，意义和要求在一开始的导入中就显示出来，把学生的思维从课堂一开始就导入到新课的情境中去，让学生对要学习的内容有一个认识上的需要。

例如，在进行《枣核》这篇文章的导入时，可以这样设计："今天在我们学习《枣核》这篇课文之前先听老师朗读一首诗，如果有同学也读过这首诗的可以跟着老师一起朗读——《月之故乡》：'天上一个月亮，水里一个月亮。天上的月亮在水里，水里的月亮在天上……'读完这首诗后大家能领会诗中表达的意思吗？大家基础都很好，看到月亮就知道这是一首代表思乡之情的诗。那么，老师想让你们想象一下，如果一个人离开家乡很久，并且距离很远，那么随着岁月的流逝，面对高山大海的阻隔，他会不会也有这样对家乡的思念之情呢？这就是著名作家萧乾在他的《枣核》一文中要告诉我们的。"这样的导入在一开始就让学生能知道本节课情感态度价值观的目标，不会不知所措地进入文本，给整篇课文的学习奠定了情感基调。再如，在教第二课时的《枣核》时，导入可以简单明了，明确重难点："上节课我们学习了《枣核》，它是一篇饱含深情的文章，朴实当中见深情，朴实之中又见作者奇妙的文笔。这节课我们要重点学习文章当中饱含深情的语言。"这样的导入简洁明了、直奔主题，为学生指明了方向，也不失为一种很好的导入方式。

2. 导入设计需紧系目标，为文本埋伏笔

导入的方式是多种多样的，但导入的原则和原理一定是高度统一的，既不可以浪费太多时间冲淡教学，也不可以使导入内容离题万里。有时候，可能教师会为了调动学生兴趣而说一些与教学内容不相关的内容，但千万不可以脱离教材，导入的作用是为了让学生能够感知和体验未知的知识，应该是将课堂所要教授的教材内容和一些有趣的事例相结合，它们之间一定是紧密相连的，一定要紧扣教学目标、教学重难点、教学内容来设计导入，如果导语能够在一开始为文本埋伏笔，就能够使学生注意力集中、饱含激情、调动积极的思维，因此埋伏笔可以从下面几个角度切入：首先，根据课文的中心内容进行导入设计，在进行备课时，可以将本篇课文所要讲述的内容、重点、难点全部罗列出来，然后进行筛选、思考，根据课文的内涵罗列出一些有意思的问题供学生在课堂上进行思考，学生整堂课都有一条主线，能够把握课堂的重点，激发学生的思维，再和学生已知的一些熟悉的知识点相联系在一起，经过加工设计出别出心裁的新内容。其次，根据课文的外延，丰富的课外知识能够延伸到课堂中来。每一篇课文都有广阔的外延知识，可以涉及许多方面的知识点，并且和文章中的知识相关联，所以课堂导入一开始可以从课外延伸的知识入手以打开缺口，根据课文之间的衔接进行导入，每一堂课之间都有一定的联系，因此在导入阶段，教师应做到既能够使学生巩固之前已经学习过的旧知识，又要给讲新课进行导言。任何系统的学科知识都是有一定联系的，新知识一定是在旧知识的基础上发展起来的，教师要善于引导学生通过巩固旧知识导入新知识，避免学生淡忘学习过的东西，因此教师在进行导入的时候一定要设计出能够承上启下的导语。

（二）紧扣教学目标设计导入形式，促进学习迁移

1.巧妙设置悬念，斟酌问题切入角度

如果导入采用设置悬念的方法时，教师的语言应该要做到能够引导学生思维，能够启发他们的思维，并且这样的悬念能够让学生进行深思，这时候启发学生的思维就显得尤为重要，需要在一开始就勾起学生的求知欲。随着现代化教学的引入，导入的途径和方法也在不断向多样化发展，根据特定的教学内容设置问题，制造出与文本观点冲突的悬念，引导学生积极发展思维力，产生一种思辨能力，可以让课堂气氛活跃起来。

设置悬念的方法要基于对教材的充分考虑上，要有趣，能在课堂一开始使学生产生强烈的求知欲，让学生有一种"梦里寻他千百度"的探究欲望，等到得出答案时又有"蓦然回首，那人却在灯火阑珊处"的愉悦感，从而让学生能够乐于探究疑问，积极思考问题。针对导入时的提问语言，可以有很多角度的切入，如文本的内容、文本的手法及作者的写作意图等角度进行提问。

例如，在教授《孔乙己》的时候，教师可以这样提问："文章的结尾有这么一句话'我到现在终于没有见——大约孔乙己的确死了'，这句话中的'大约'和'的确'是一对矛盾词，为什么要这样说呢？"学生很容易意识到这是一个病句，这样的一个病句式的表述使学生对孔乙己的命运产生了悬念和疑问，接着跟随这样的问题可以再提出："鲁迅在文中最后到底有没有交代孔乙己的命运？是如何交代的？鲁迅为什么要以这样的方式来交代？"这样一个一个地抛出问题，一层一层地推进学生对文本的挖掘，让学生自己在解决疑问的过程当中能够深入理解文本背后的思想，比直接说出"孔乙己已经死了"更加能体现当时社会的凄凉和人情冷暖。教师应该从一开始引导学生注意这些经典的语言，让他们对鲁迅的语言有一种深刻的感悟，进而产生一种反射，一定能够激发学生的热情。

2.认真甄选导入材料，规避逆负迁移

若新学习的材料与学习者的原有信念一致，新的学习使自己的原有信念得到证实和支持，就会带来满足感，由此就会激励进一步学习的动机；反之，若新的信息与学习者原有信息冲突，他会对新观点持怀疑、否定的态度，这样他就不会仔细钻研新教材，甚至不愿意去听和读新材料，一拿起书就产生反感，这就会阻碍了学习者对新材料的兴趣。促进学习迁移指的是一种学习对另一种学习的影响，一般指运用已有知识经验对学习产生的正影响，是把以前学过的经验知识，或者概念原理，或是方法技巧等的变化运用到新的学习情境之中。学习的迁移分为好几种，有正迁移和负迁移、顺迁移和负迁移、特殊迁移和一般迁移之分，还有横迁移和竖迁移之分。在笔者语文课堂上提倡正迁移和特殊迁移、顺迁移和一般迁移，通过这样的手段来提高语文课的教学效果。就好比在读了很多书、思考过很多问题以后，如果再来写一篇文章，一定会思如涌泉。学习迁移还包括情感方面的迁移，学生通过对已经学习过的课文所蕴含的一系列情感引发对新课文的情感迁移，学生对新学习的内容就有了情感准备。教师在课堂导入的时候如果可以利用情感的感染作用作为导入新课的切入点，让学生感到既熟悉又陌生，对已学过知识的学习结果做一个验证会有一种说不出的喜悦感，这样就给了学生一种动力，激励他们自觉地去获取新的知识，进一步充实自己的内心。

例如，在导入时教师抛出了一个问题："你们在预习了《项链》以后，基于对文本的理解，说一说你同情玛蒂尔德吗？"又如，在导入时教师抛出问题："今天我们要学习《从百草园到三味书屋》，在学习完之后，请根据你们对这篇课文的理解，用真挚的情感和同学们分享你成长当中的烦恼。"这两个案例是设计情感态度价值观的导入，其中，第一个案例会引起负迁移，因为学生在明白了玛蒂尔德的情况后，容易对他产生逆反心理，会有反感、对抗，甚至不信任的态度。第二个案例在学生讨论完学习烦恼之后容易产生反抗情绪，甚至厌学，不愿意写作业的后果，教师在设计这样的导入时，一定要从心理和文本两个方面都考虑进去，对学生可能出现的逆负迁移加以开导。依据学习结果出现的自然顺序来安排教学事件的顺序，同时创设最佳的学习条件来保证学习结果的出现。

3.教师结合自身特长，选择最优策略

教学策略没有既定的模式，它因人而异、千人千面，但作为教学方法、技术、媒体的选择组合方略，以及应用时对功能强调优化的观念和技巧，它又是有自己的规律和相对优势的。在对教材有了一定把握和对学生学情有了了解之后，导入的方式和内容也应该有一个明确的构思，这时候应该结合教师自身的特点来选择最佳的导入策略。新课标理念下的学生是课堂的主体，并要求学生的个性能够得到充分的发展，同时教师的个性也要得到发展和完善，教师拥有自己的教学个性是成为一个优秀语文教师必备的要素。性格活泼的教师可以营造活泼的课堂气氛，引导学生相互交流；性格内向的教师可以设计一些问题来引导学生进行深入思考；感情细腻的教师可以把教学文本中的情感流露作为主线，以培养学生的敏锐感；思维逻辑性强的教师可以使每一个教学环节能够相互联系、环环相扣，教会学生理清文章思路。

选择导入策略应该结合教师本身的性格特征和最拿手的方式来进行，这样的导入才更自然、更得心应手，如果把自己真实的一面体现给学生，展示自己的才能和人格魅力，一定会感染学生，引导学生发展属于他们的个性。

（三）根据文本体裁的不同，变换导入角度

语文教材是语文课程的核心，它是根据社会要求、学生特点和文化传递的原理来编写，它不仅是学生学习语文掌握母语的文本，也是教师教学的文本。它代表着一个国家的母语教育水平。我国现阶段所选用的语文教材都是属于文选型的，依照语文课本来看，文选型教材就是经过筛选的文章，并且这些文章并不是随便的一篇文学作品，因为教学要达到教学目标，所以经过选择的这些文章无论是在字数还是文章编排位置方面，都要经过专家的精心论证和选择，目的就是能够使文选符合预期要达到的教学效果，使语文教学目标得到最优化的实现。

王荣生在他的《语文课程论基础》一书中将语文教材选文按照功能进行了系统的分类，分出了四种类型，分别是"定篇""例文""样本"和"用件"。用这四种功能来明确语文教材的功能，也就为语文课堂教学指明了方向和意识。

"样本"侧重于学生在阅读过程中形成的读写方法，这类文选会在选文旁边罗列一些重要的旁注评点，引导学生如何步步深入阅读，主要为"过程与方法"目标服务，这类选文的重点不在课文本身，而在课文边上"对话栏"中的评点。

"用件"的主要功能是向学生提供信息，其通过介绍资料来使学习者能够自主获知所讲的事物，初中教材里面的"名著导读"和"附录"中的选文就属于"用件"。

"定篇"类文章多以抒情散文常见，这些散文以独特的文化内涵及丰厚的文化艺术进行创造，因这些"定篇"在文化历史价值上有着无可替代的作用，所以抒情散文一直保存在语文教科书中。它主要是为语文三维目标中的"情感态度和价值观"服务的。

"例文"类型的课文，它的目的在于课文所包含和承载的事实、概念、原理和技能等策略。简单来说，就是为语文三维目标中"知识与技能""过程与方法"服务的课文，在于通过选文来学习某一种语文技能。例文类导入要激发的不是学生对文本本身的兴趣，而是对文本中深藏的写作者如何运用知识、技能等的兴趣，运用知识、概念、策略等。如果只教授学生这些技能未免显得枯燥乏味，因此教师在导入时，需要利用

文本的魅力，引发学生对文本表达层面的兴趣，激发学生探究文本的欲望。学生学习这一类课文主要问题在于以下两个方面：首先，对所教内容的重点不够明确；其次是注意力分散，对学习的内容不感兴趣。

"例文"类的课文相对"定篇"类，学生更容易产生兴趣，更贴近学生，因为这类课文的文采优美、情感丰富，文章当中运用到很多表达方式和表现手法，学生接触这一类文章比较多，容易理解和喜爱，面对这样的课文，教师在导入环节不仅要保护学生的情感生成，也要在课堂的一开始引导学生明确学习的重点，让学生能够用理性的态度去理解感受文本当中丰富的情感，达到语文工具性和人文性的统一。

第二节　悬念艺术在阅读教学中的具体运用

初中生尚处于半幼稚半成熟期，还有着天性未脱的强烈好奇心，而好奇心可以催发知识的萌长。在中学语文教学中，教师可以根据学生心理的发展、学习的需要和教学内容的特点，利用悬念去结构课堂，指导学生学习，在更大程度上激发学生的兴奋点，激起向知识海洋撷取珍珠的勇气的原动力。在探索发现中，笔者发现悬念可以作为一种文学创作的艺术手法，同样也可以作为语文课堂中的一种教学艺术。

一、课堂教学过程中学生的心理

语文课堂要讲究艺术，而艺术需要方法的渗透，而在寻求这种艺术方法的同时，还要充分了解语文课堂所面对的对象。语文课堂教学的对象是中学生，十四五岁的孩子，他们有着自己独特的心理。语文课堂教学要想取得更好的成功，要能从学生的年龄特征出发考虑他们的心理特点，适时调度好他们的兴趣点，就能更好地诱发学生的兴奋感，激发学生的关注度，就能更好地投入课堂学习中。

（一）开始时的期盼

初中生处于幼稚与成熟的过渡时期，追求独立又未脱依赖，生性的幼稚依然显现得很突出。对于新奇的东西能特别感兴趣，能投入心神，记忆能深刻；对于平常无奇的，则消极怠慢，不去关注，无所用心。但他们都渴望成功，渴望得到教师的认可和鼓励。语文教师如果能把握好学生的这一心理特点，找好新奇而富有吸引力的导入，一定能把学生的精神集中起来，激发他们的求知欲，从而让他们身心愉快投入并体验成功。

一堂课的开始，就如同人见其第一面一样，把第一印象打造好，能最短、最快地把学生从课间的喧闹、散漫拉回到课堂，就能最大限度地让这堂课的每一分钟发挥好。在这关键的一刹那，就需要教师高超的课堂导入艺术，而设置悬念就能很好地达到这一效果。在进入文章学习的重要部分时，若教师也能生动奇妙、扣人心弦，就能抓回、抓住学生的注意力，让学生不舍对知识的探寻，产生撷取知识的期盼和定力。而刚上课的时候，很多学生很可能还沉浸在课间的娱乐自在、漫不经心，走不出本身的情绪低落、漠不关心，这就需要教师在课堂导入上花好心思、下好功夫。

语文教师应该根据"课情""学情"因势利导找准切入点，并提出有启发性的问题，设置好悬念，以造成"首因效应"，形成学生的学习期待。首因效应，即给人留下的第一印象所产生的效应，它可以给人以先入为主的作用，并由此扩展到其他方面。教师一开始就以新奇、独特的悬疑问题导入，勾起学生刨根问底的急切心情，在探究的心理状态下，调动学生的心理期待，激发学生的求知欲望，唤起他们的学习热情，接受教师发出的信息，调动他们的思维，迅速进入课堂学习。

例如，在讲《我的叔叔于勒》时，某教师在请同学们简述课文主要内容后，提出了这样的问题："莫泊桑讲的这个故事有破绽吗？是否经得起推敲呢？"若此时以小说的三要素"情节、环境、人物"的模式展开，在叙述情节之后，再进入到对人物或环境特点的寻找，课堂就又得以步入常规教学的俗套。人物形象可以在教师一步步地牵引下渐渐丰满起来，但因为这种教学步骤是学生再熟悉不过的，学生探究的动力就会变小，最后大多都是教师牵着学生走。该教师设置的这个看似不合常规的导入，出乎意料的问题，可以说是一石激起千层浪。教师竟然质疑起大文豪，探寻的脚步一迈开就一发不可收，要找出这个破绽需要学生用心，仔细地研读课文。

（二）高潮时的兴奋

课堂教学的高潮如同"驼峰"，在教学中起着不可忽视的作用。教学高潮，应该是师生双方配合最好的时刻，是学生反应最激烈、课堂最活跃的时期，一般出现在教学过程的中间或后面，正好与教学内容的关键融合，有时是重点的攻克，有时是难题的解决，有时是深刻的领悟，有时是情感的升华，有时是又一个新的发现。当人的好奇心得到满足时，便会形成心理转换过程中的暂时停止，或者说出现一个心理状的"退火"好奇心，能促使人从这种"心理休克"状态中迅速恢复过来。在语文教学的过程，充分运用悬念激起学生的好奇心、探索欲，就能更充分激发学生的学习热情，进一步探索，寻求到学习的更高点。

课堂前面的悬念随着教学的进行，教师应能进一步设置好引向高潮、探索主旨的悬念。越是有悬念的，越让人有一种"追下去"的冲动，根据这种冲动心理，适时抛出一个悬而未决的"谜团"。

例如，在教授讲授《在烈日与暴雨下》一课时，在学生了解了文章基本内容，学生提出疑问，大家回答讨论后，准备进入文章关键语段和中心思想的解读。如果直接问学生关于中心思想的问题，会使整个课堂显得平淡无奇。教师可先抛出问题："作者为什么要写烈日和暴雨？"同学们一下子就回答出了："烘托祥子的苦难生活。"在同学们觉得是轻而易举的时候，教师再说出自己的一个疑惑："作者为什么一定要写烈日和暴雨才能反映其苦难生活呢？是自然气候本身就有人的情感呢，还是作者借自然景物来表达自己的思想感情呢？把祥子放在春天、秋天、冬天又行不行呢？"学生从原来胜利的高兴中变得沉默，而这沉默就是在苦苦思索。在思辨当中才能有更深刻的体悟。在沉默中，教师可以引导学生关注文章的第 2 自然段和第 11 自然段，这两段就是文章的精髓所在。让学生进行阅读、讨论，课堂极其热烈，大家一起阐述、补充、碰撞，才能充分体会到了这两段景物的特点和描写方法，疑问也在此解开，学生的心也会被震撼到。抓住文章的精华处，巧妙设问，才能把课堂推向高潮。

（三）结束时的依恋

在一堂课的结尾，学生可能常会听到"通过这节课的学习，你收获到了多少？""你还有什么不懂的？"这种定律似的课堂结尾，使已久坐了近一节课的学生了无趣味，无心思考。

初中生较于小学生，从认知规律和身心发展的特点来说都有了一定的发展，但仍有着好动易变的特点。对于坐了近一节课的孩子，身体开始疲劳，注意力再度分散而且更厉害，他们很可能都是在期盼着课能早点结束。评书演员会在评书的尾声留下悬念，激发听者往下听的欲望。艺术是相通的，在课堂的结尾，教师还可以设置一些发人深思的问题，引起学生的联想和思考，使学生在"欲知后事如何"时又戛然而止，给学生留下有待探索的未知数，激发起学生继续学习的欲望，让这份瞬间跳出、又瞬间止住的悬念成为不舍课堂学习的牵连和依恋。

例如，在《我的叔叔于勒》讲课结束后，教师可以请学生构想《再遇发财后的于勒叔叔》菲利普一家人的表现，也可以请学生构思续写"如果在回去船上，'我们'恰巧又碰上了于勒叔叔，而且于勒叔叔也认出了'我们'后，又会发生什么样的故事呢？"一个故事收尾了，同时也又留下了一个思维空间的悬念。学生一般都很喜欢编说故事，在巧妙的设置中，学生会自觉地遵循人物已有的性格特点进行思考，展现他们的奇思妙想，待到下一节课堂给予学生发挥的空间，学生会乐在其中。

课堂结尾，不要去问一些毫无意义的问题，让学生产生枯燥无味之感，而是要让学生思考一些他们愿意去做的、乐于去做的，且能做的问题，并收获于其中，完成对课堂结束时活动的导入。

二、阅读教学中的设悬过程

在这个过程中，学生愿不愿过？学生能不能过？教师的引领就显得尤为重要。"悬念"对思维有着很大的牵引作用，而初中语文教学基本上都是阅读教学，除了利用好文本本身的直接悬念去牵引学生去阅读鉴赏，还要能挖掘文本中隐性的悬念，甚至重新架构悬念，从而更好地架构对一篇课文的教学。

（一）顺水推舟

有些课文本身整篇就有着很清楚的悬念结构，与文本推进一致，只要把这条悬念线索整理出来，设置成问题，就能牵一发而动全身。

以《枣核》为例，整篇文章从"索枣核"—"见枣核"—"话枣核"—"点枣核"，小小的"枣核"引出一连串悬念，抓住"枣核"这一线索，顺藤摸瓜，顺水推舟，自然天成。

学生在阅读课文时，不一定能带有明确的悬念意识，教师应通过引导让学生自己去发现悬念，激起好奇心。教师可以和学生一起寻找文中有违常理的地方：一是朋友不远万里索要枣核到底有什么用途呢？二是朋友生活优越，她在解释时为什么却是不好意思呢？三是按常理"我"旅途劳累，到她家做客，应先叙别情，再安排"我"休息，这是正常的待客之道，但她却为什么先领"我"去踏访她的后花园呢？这三处不合常理的地方紧绕"枣核"展开，也正是本文开篇所设置的悬念。教师从此处入手，不仅使学生从这篇不以情节见长的散文中获得寻根究底的阅读趣味，而且能在积极思维的基础上深切感知本文思乡爱国的主旨。课文就在设悬、释悬的过程探寻体味结束。

这样的阅读教学既能很好地契合文本的自身特征，最大限度地发挥文学作品的独特魅力，还顺应了学生阅读的心理期待与认知规律，符合语文教学中的激趣原则。这样的语文课堂才是有生命力的、值得回味的课堂。

（二）发现挖掘

有些课文中也存在着一些悬念，但不像前者那样明显清晰且有章法，跟文章思路不是一脉相承，它们可能零星地存在于课文的某些部分、某些语句。教师就要在对作品的认真研究中，选择、理顺、拨弄出一条可以穿针的悬念线，精心构置。

如《孔乙己》这篇课文，其在第三自然段结尾写道："只有孔乙己到店里，才可以笑几声，所以至今记得。"不禁让人想这位给人带来笑的，可以活跃气氛的孔乙己究竟是什么样的人？第九自然段写："孔乙己是这样的使人快活，可是没有他，别人也便这么过。"孔乙己到哪里去了？第十一自然段写："便又在旁人的笑声中，坐着用这手慢慢走去了。"孔乙己走了以后又会怎样？最后一个自然段写："大约孔乙己的确死了。"孔乙己究竟有没有死？

鲁迅是一个冷静而深刻的叙事者，严谨的语言中也是环环相扣、引人入胜，紧紧抓住了读者的心。但从学生的角度，要想找出文中这些富有悬念的句子，并用它们来直接设置悬念显然显得"庞大冗杂"，不是很顺畅。以《孔乙己》为例，某教师将闻一多《最后的演说》和鲁迅的《孔乙己》搭建联系："《最后一次演说》是闻一多先生在20世纪中叶，向全国人民发出的摧毁旧中国的呐喊！而这声'呐喊'，是20世纪初，鲁迅'呐喊'的延续。鲁迅为什么在20世纪初把他的第一本小说集取名叫《呐喊》呢？今天，我们通过学习《呐喊》中的《孔乙己》，通过'孔乙己'这个人物形象理解，也许会找到答案。"一个伟大的联系，便把学生带入了一个庄严的境界，引起同学们神圣的思考。然后在学生思考提问的基础上紧紧抓住"为什么作者在小说的结尾说'大约孔乙己的确是死了'？既是'大约'，又是'的确'，这好像矛盾，该怎么理解呢？"提问学生："孔乙己究竟有没有死？"这个悬念抛出，该教师又带领着同学们进行了细腻而又精致的解读，在对话中一步步完善明了。然后，教师在黑板上写下了一个副标题："一个人和一个社会。"引导学生感悟一个人和一个社会的关系，解读文章中心，绕回开头一开始的问题。在最后布置作文题《孔乙己的最后日子》，课堂过程中寻找并解读出了孔乙己必将死去的依据，但作者并没有描写孔乙己的死去，孔乙己最后具体是怎样死的呢？该教师把作者留下的悬念再次拾起，只是拾起角度已经延伸。

顺着这位叙事高手所设置的合情合理的玄妙，该教师进行了神奇的设计，打破了原来长结构文章难以下手的痛苦。把这里的丝轻轻抽出就能牵动着同学不断探寻心灵的脚步，走向课堂教学的高潮，寻找思想智慧的浪花，课堂气氛轻松自然、自由和谐地进行。在教学中要抓好学生的心理特点和认识规律，适时地故弄玄虚、巧设悬念，能让学生的注意力更好地持续，思维也充分活跃起来，从而顺着教师的思路进入这部分知识的学习，完成课堂导入。

（三）无中生有

在进行这类文本阅读时，其本身没有太多悬念的存在，但是因为教学中老师的智慧构建存在，所以只要找好抓手，也同样能够以悬念来结构整个一堂课。如某教师在教学《斜塔上的实验》的教学活动中先请同学们预习了课文，了解伽利略，应该说从文本出发的阅读已没有了波澜，但该教师却能平地掀起波澜，于无中化生出有来。该教师首先引领学生寻找"疯"子，抓住"疯"字，创造性设置本文的悬念。对于这个"疯"字，很多时候教师可能一带而过，或以一个小问题来处理。而该教师问："在我们眼里的伟大科学家，为什么在当时人的嘴里就成了疯子？伽利略真是一个精神不正常的人吗？如此伟大的人，作者为什么要借用'疯'字形容他呢？"这几个悬念的设置，看似简单轻描，但生成的空间非常大，同学们完全被这个"疯"字所牵动，在教师的点拨、引导下，大家欲罢不能。抓住这个"疯"字，带着同学们去咬文嚼字，真正进入并沉浸到文本。在对文本认真的研读后，设置生动奇妙、扣人心弦的悬念，就能继续抓牢学生的注意力，让课堂的学习不再是学生跟着教师走，不再是教师在贴标签。

语文课堂教学过程是一个特殊的认知过程，也是一个复杂的思维过程。思维活动由问题的产生开始，问题是学习的起点，问题可以点燃学生的创造热情。所以更用心地构置悬念，结构课堂，产生对问题的探究和求索，也就构成了学生的心理需要。

三、阅读教学中引起学生悬念案例分析

在一堂课的某个环节设置悬念是常有的事。王家伦教授认为，一个课时的课堂教学也如写诗、作文般讲究"起""承""转""合"，课堂也就有了一条鱼贯之线。根据课堂教学过程的需要，抓好或挖掘一个文本的线索，巧设各种悬念，让悬念笼罩一堂课，让悬念构建一堂课。下面笔者就以刘恩樵老师的《斜塔上的实验》课堂教学案例来浅谈如何让悬念在"起""承""转""合"中结构一堂课。

（一）"起"能"达兴"

"起"为课前导入。课堂教学的导语，犹如乐曲中的"引子"、戏剧中的"序幕"起着渲染气氛、酝酿情绪和集中注意力带入情境的作用。精心设计的悬念导入更能抓住学生的心弦，激发情趣，促进学生情绪的高涨、智力的振奋。优秀的语文课堂导入，还要能指向文章主题，为一堂课的目标服务。

首先，课件出示课题、作者，接着教师说："今天老师想在教授这篇课文之前出一道关于数学的脑筋急转弯题目：1+1+1+1=？"同学们则纷纷会在为语文课上出数学脑筋急转弯题而新奇，在惊奇中纷纷思索，在积极踊跃中回答，学生尽其所想，教师及时肯定了同学们的答案都有道理。这出奇的一问，是如此巧妙夺人，一下子使学生的思维集中起来、运转起来。然后教师也出示一个答案："走近一个人＋揣摩一个字＋咀嚼一句话＋玩味一段文＝理解一篇文。"目标指向课文，一堂课的教学任务也蕴含其中。

（二）"承"能"入境"

课堂教学中要能立刻进入正题，"承"就是围绕预设目标推进，从课前导入的准备进入由浅入深、由简单到复杂的推进过程，要步步为营、层层深入。

在请同学们简要介绍伽利略后，教师再问："在我们这些后人的眼里伽利略是伟大的，但在当时的社会里，伽利略在别人眼里是什么样的呢？同学们能否用一个字来形容一下？"同学们对于伽利略的"一字"评价更是奋勇争先："傻""疯""倔""蠢""怪"……教师再一次肯定他们对伽利略的评价，认为这些字都从一个侧面反映出伽利略与众不同的追求真理的科学精神，同时让学生先选取一个"疯"字来揣摩一下。而这个词的选择，又与开始"在我们这些后人的眼里伽利略是伟大的"一句相悖，这种大相径庭的问题，必在学生心中引起不小的疑惑。"疯"字在我们一般人的词典中就是"精神病""神经错乱"等，课堂氛围也能够进一步增温。

（三）"转"能"交融"

"转"主要指课堂教学的高潮或者为高潮的出现而做的预备，在这里学生的身心处在创造的激情中，感知、想象、思维等将会异常活跃。

教师多媒体出示："又是伽利略一个发疯的念头。"然后顺势一问："伽利略真的是一个精神不正常的人吗？"问题很简单，同学们自然答"不是"。接着教师再次设问："请同学们思考'疯'字背后又包含什么意思呢？"一个伟大的科学家，人们竟用"疯"字来形容他，可以想见他对科学的热忱，他的热忱又表现在哪里呢？同学们会在问题的引领中更迫切地想去了解清楚。教师请同学们从文中找出生动描写"疯"的词句，引着同学们进入文本，对文本进行全方位的阅读咀嚼，并在阅读后结合课文加以阐述。学生在悬疑问题的导入阅读中做到了"心到、眼到、口到"，从而沉浸到了文本中，在与文本的零距离涵泳中，让学生收获有价值的领悟，文本内涵的潜流暗涌进了学生的思维和心灵，在一个个回答中绽放了被触动后的语言光辉，伽利略的形象一点点地拼聚起来，他的伟大就在这些过程中树立起来。学生通过理解一些词语、句子，领略到了伽利略身上所具有的善于发现、善于思考、勇于奉献、勇于牺牲等科学精神，以及面对威胁和巨大的压力，执着地追求真理、坚持真理的科学态度。学生被充分调动起来，师生达到了很好的交流。

（四）"合"能"提升"

"合"是为这一课堂的总结、收尾，也可以是对课堂学习的进一步探索或拓展，鼓励帮助学生提升思想，拓宽思维。

学生基本领悟出文章所表现的斜塔实验的精神，且其对于这篇文章的解读基本已完成。教师再次发问："但如此伟大的人，作者为什么要用一个'疯'字形容他呢？"同学们各抒己见，教师再次带领同学们集中而明确地破解"疯"字在文中的内涵，让同学们懂得，"疯"是一个褒义词，是一种精神，是一种敢于摆脱束缚、勇于挑战权威、乐于书写自由、勤于表达执着的精神。疯者即追梦者，他能够毫无畏惧地一直朝着自己的梦想向前。伽利略正是因为"疯"，所以才成为"近代实验科学之父"。世间凡大成功者，无不是疯者。追梦路上的疯者，是世间最清醒的人。极具感染力的解读，直抵每个学生的心灵，也许此刻每个人心中都有了一种"疯"的愿望，但是又有多少人能达到"疯"的境界呢？或许这又成了直抵每个人内心的拷问。

到此，从一个"疯"字走近一个人，咀嚼一个词句，玩味一段文章，进而理解了一篇文章。整个教学过程就是简约疏朗，奇巧而又魅力无穷。而这一堂课，这一个过程，就要归功于智慧的发问，一线贯串的精巧设悬。这样的课堂用一个字"疯"拎起了全文，设下奇妙的切入口，带领大家从一人窄窄的洞口，来到了一个风光无限的神奇溶洞，进而游向更广阔的海域，再深入到价值无穷的海底。

在整个教学过程中借用文学创作中"起、承、转、合"的结构开展悬念课堂。用悬念开启灵动之门，用悬念构筑文本结构，用悬念拓展空间。用悬念构筑的课堂里可以从真正意义上改变教师传授知识的特点。在不断探寻引领下，不断提出问题、解决问题。培养了学生勇于探索的精神和意志，启导了学生的发散性思维，培养了学生的创新精神。

在语文阅读教学课堂里把"悬念"进行到底，学生的思维就可以在教师的引领下更多地主动跳动，从而撞击出更多智慧的浪花，并在碰撞中走向深入。在整个教学中，一开始就做足富有魅力的课前导入，制造让人欲罢不能的高潮，牵好曲终意无穷的结尾。每个人都乐于接受一种"乐感文化"，在阅读过程中有更多扣人心弦的悬念设置，就能在阅读中得到更好的释解、快感、收获。笔者相信在悬念课堂的构筑下，学生能更自由、愉快地在阅读中享受精神的生活，从被动中回到自由，从被困中重获自由。

第三节　悬念艺术在写作教学中的运用

阅读教学中的悬念艺术，主要是针对教师而言，即教师如何借助悬念艺术来引起学生的学习兴趣。而写作教学中的悬念艺术应该针对师生双方而言：其一，如同阅读教学，教师借助悬念艺术导入设法引起学生兴趣；其二，学生借助悬念导入艺术使自己的作文更能吸引读者。

一、学生的写作心理

初中生对写作有着明显的畏惧心理，每当教师布置作文时学生就唉声叹气、愁眉苦脸，表现出较为强烈的排斥情绪。虽然作文永远是语文的半壁江山，但即使师生投入了很多，收效仍不是很明显。因此，学生还是乐意做一些力所能及、心所能想的东西，在各种学习活动中收获成功，只是有时可能是他们"望尘莫及"。

（一）学生在写作中的畏惧心理

学生畏惧、排斥写作的心理，实际上是一种动机障碍。文章是"每当发于情"的东西，一般的写作者，都是在情感思想积蓄到了一定程度，有了灵感的触动之后，情不自禁而成的。

在作文指导课中，一般是教师先出示题目和要求，有时请同学们讨论对题目的理解和主题把握，有时干脆什么都不讲，等同学们写好、教师批好，就选用一些文章请同学们阅读学习，并加以评点修改。写作只是成了交给教师的作业，为了考取好的成绩的一种训练。一般情况下是每两周一大作、一周一小作，甚至有每天一日记、每周一大作的，还有形形色色的考试中的作文。要求事情要真实，感情要真切，最好能有所创新。但学生大都觉得自己每天两点一线，哪来什么事情去写，可不写又说不过去。带着这样的情绪去写作，怎么能写得出打动人的内容呢？

写作中，只有作者产生了强烈的表达欲望，有把自我情感述之于笔的冲动，才会产生强大的内驱力。失去了这个内驱力，写作就没了灵动。而文字就是符号的一种。作文练习大多是规定性的作文题目，虽然一些命题作文在具体的选材上还是有很多空间，但学生仍然觉得难以入手。所以，即使勉强写完上交，也多是语不成句，段不成意，支离破碎，不像是一篇完整的作品。会者不难，难者不会。学生之所以对作文抱有畏惧情绪，是因为学生不会写作文，因为学生害怕作文，视之为畏途，所以学生心理上就懒于去探索、思考，使得作文如同给教师交差。在这样的心理下，学生是不可能用心写好作文的。写作困难而得不到解决，写不好作文而又会再次遭受批评的挫败感，学生的畏惧心理就会不断加强。

（二）悬念引起了学生的写作兴趣

心理学研究表明，一个人会出现某一行为，其直接的推动力来自其动机。动机是内驱力和诱因共同作用的结果。写作中要有推动维持写作的动机，就要有学生的主观需要和写作的吸引力。那么，在作文教学过程中教师也应能努力帮助学生，激发他们写作的动机，让他们觉得写作也是有吸引力的。

例如，作文指导课的标题可以为《会写一句话，能成百句文》，标题的出示一下子吸引了同学们，一种反常的个性语言去除了学生心理上的害怕，究竟如何能达到这一神奇的境界是所有同学心驰神往的。在指导学生写"一个陌生老师给我们上课"时，教学的开头"老师宣布，同学们议论纷纷、猜测在单调的学校生活中，一件稀松平常的事儿居然也让我们兴奋、期待……"比起单刀直入直接叙述来了一位怎样的教师上课，要显得有吸引力得多，而且其写来并不难。只是在写作中多了一点思虑和谋划，就会让文章多一点曲折。

文章在曲折中更能显现风姿，作者在迷雾中开辟"景致"，为带给读者"曲径通幽""柳暗花明"之感而欣喜。有人说记叙文的失败，其中最重要的原因是没有用"曲"意识，具体来说，就是结构意识不强，没有表现技巧或表现技巧运用不够。要想收获"曲"的效果，就应能在作文中合理设置悬念。

改进一篇文章的方法有很多，但在同样的材料内容里，去求新、求变时，设置悬念是很有效的一种教学方式和构文方法。正如郑板桥画竹一样，应能做到"眼中之竹—胸中之竹—手中之竹"的创作规律。写作同样需要一个过程，一个精心构置的过程。学会一点曲折的思变，就可以领略幽静的清音明景。

二、作文教学过程中的悬念设置

学生谈作文就色变，所以作文教学也一直是语文教师最大的心结。作文是学生怕啃的硬骨头，有时教师也就不愿太自讨苦吃，而且有人还信奉着"作文不是教出来的，而是靠学生自己的积累，自己的悟性"。于是，作文课就高悬了一边。但作文除了是考试的重中之重，其实也是语文学习最高的目的之所在。有人把教师比作火把，学生作文的激情就需要教师去点燃。在作文教学过程中，教师要努力触发学生写作的兴趣，呵护他们写作的激情。在作文教学过程中，在运用其他一些写作教学艺术外，教师不妨加入些悬念的艺术，使得作文教学更加有效。

（一）课堂主题的新颖牵引

一个好的作品题目，是作品的文眼、精髓，可以起到秒杀效果，让人不舍放下。一堂吸引人的课堂有一个精彩独特而又扣人心弦的课题，也定能让人欲罢不能。

例如，某教师在教学九年级记叙文语言指导课的题目为《记叙文语言的"塑身"》，这是对九年级学生语言方面的一个更上一层楼的追求。但出示这个课题对于一般作文语言指导"丰富文章语言"来说完全是背道而驰，有些人好不容易才能凑满字，而教师竟然要做"语言瘦身"运动，那份禁不住的好奇被一个课题的独特迅速吸引，学生迫不及待地想一探究竟的那份劲头被充分激发出来。另外，比起使表达语言形象生动、精练准确等要求来指导学生，课题更多的用了生动形象的语言来表达对记叙文语言简洁精练的追求，也更能吸引人的注意。

（二）课堂开场的升温加热

一个好的课题就会有一个好的预设状态，但如果只是这样是远远不够的。课题的预设，激起的学生热情如果得不到进一步的焕发，被接下来的进一步引导泼了瓢冷水，学生就会开始在涣散中听课。如果让学生的投入进一步地增加，参与热情就会高涨，思维的运作就能加速而机智。

苏州大学王家伦教授上作文课，开头先说出了同学们"作文难写，写作痛不欲生"的心声，可话锋马上一转："告诉大家，写作文不难……"学生心里虽怕写作文，但都巴不得自己能写上那么几篇好作文，心想：今天的教师会有什么妙招来开启他们灰死的写作之心。而课堂就需要他们"想知道""想弄明白"，学生的探求欲一被激发，就会爱听教师讲，思想就会跟着教师走。然后，教师以自己为写作模特，学生就跟随着教师一步步地引导，从经历的介绍、对事物的观察中进行联想和想象，同学们在欢快轻松的氛围中，一点点地得到可实施的有效方法，那份"不难"一点点地在印证。

（三）一堂课里的匠心构置

很多时候，作文课中会有教师知识性的指导，甚至是很高深的理论知识，然后让学生对照着相关的方法针对给出的一些作文例题进行修改。有时学生还在努力地琢磨着这些"高妙"的作文方法，教师又很快地引导学生进入了下一个环节，学生的接受带有很强的被动性。因此，教师布置教学环节时应留一丝"我想要"的探究，才能让学生的接受更多了一些主动性、自觉性。

例如，在某教师教授"豆芽菜作文"诊疗课的一节作文讲评课中，教学形式看似较常规，但从细节中不经意地流露着教师的用心。开始提出颁发"最佳构思奖"给一名学习较差的学生，这让同学们出乎意料。为什么这位意料之外的同学能得这个奖呢？先不直接说明，让同学们带着不可思议的心理一同去关注，学生自然都想弄明白。然后，教师出示题目——《在初一，我学会了"疯"》，这位同学题目非常抓眼，不禁让同学们称赞他视角的新颖独特，先不出示这位同学作文内容，而是让学生"猜猜他写什么"，这就活跃了学生的思维，在思维中培养了学生对选材的审视拷问。在寻找和感受他的立意巧妙之后，话锋一转："可惜的是，这名同学还是没有得到高分，那么原因在哪里呢？怎么样才让瘦小的豆芽菜变成高大挺拔的白杨树？"在"可惜"的话语中充满着期待，使得学生也很想知道能够让教师这么肯定的文章究竟不足在什么地方。然后引领同学进入更具体、更深层地探讨，再归纳得出问题和方法所在，进行具体的修改。整个写作教学过程中，该教师精选了一篇优劣参半的作文，以"为什么""写什么""在哪里""怎么样"等词连缀成篇，而奇妙的反应就在这里产生，教师给学生设下了小小的悬念，时刻牵动着学生的思考。教师就这样让学生在共同的探讨思考中发现写作的一个个微小而伟大的真理。

作文课里加点悬念，学生的思维就被激活了，只要多一点思维空间，触动他们的心灵，要让他们探求下去，难啃的馍馍磨成可口的面包屑，吃起来似乎可以回味无穷了。该教师在课堂最后送给同学的话是："我写，是因为我有；我写，是因为我爱。"作文撷取于生活，人人生于生活，我们不怕没有，我们怕的是不爱。一个写作者只有有了"爱"，才会有要做的冲动，有了冲动就会"看到美好涌动出激动想写作""读到美文产生联想想写作""置身美景情绪激动想写作""产生遐思浮想联翩想写作"。兴致越浓，才会有一个好的写作习惯。

三、让学生的作文平地起波澜

文贵曲，曲径通幽，曲折方能让人看不尽而生更想看的欲望。一篇平铺直叙的文章没有魅力，就如那平湖静海，索然无味。那该怎样平地掀波澜？怎样让一篇记叙文"兴点浪""作点风"呢？我们同样可以借助"悬念"这一导入艺术手法。让一个单调的平面变成有立体感、有层次感，把本身平铺直叙的文章变得曲折生动、耐人寻味，文章的艺术魅力就会增加。

（一）开头设悬，先声夺人

初中作文教学以记叙文为主，记叙中崇尚的是波澜起伏，引人入胜。在记叙文的写作中，可以曲折地记叙一个真实的故事，而不要平直地去记叙一件真实的故事。在记叙事情时巧设悬念、精心结构，让文章放出光彩。下面笔者结合学生写作例文，粗陋地谈谈制造悬念的妙用。好的文章开头常有"凤头""爆竹"之称，一篇文章的第一眼很重要，要让别人愿意看、喜欢看。而在作文的开头就设置悬念、制造疑团，可以引起读者急欲读下去的欲望。

1. 打破寻常结构

在记叙中先写什么，再写什么，一般来说是按着时间顺序来写的。但要想发生一些变化，就可以打破原本的时间顺序，把后面的事放到前面写。如学生所写的《爸爸生气了》：

原文：

期中考卷下发了，估计爸爸也已经知道我的成绩，我考得惨不能说，我想爸爸一定会和往常一样怒目直射的。

我在门外踌躇犹豫了半天……

改文：

"砰!"大门在我后面重重地被甩上了,直直地拍在我的心上。我稍稍抬头,不敢正视,唉,爸爸的脸如平常一样平静。正想挺起腰杆,猛然间看到那双眼睛紧紧地盯着你,那眼神里冒着光,那种可以穿刺你每一个细胞的极光。

提前高潮,把最紧张、扣人心弦的部分放到开头。"砰"的甩门声,"我"那害怕的神情,"爸爸"那冒火的眼睛,让人预感到事情的非同一般。究竟发生了什么事?这位"爸爸"究竟是怎样的一个人?这一份份疑惑在读者心中跳动,增强了父子或父女间矛盾的可读性,然后层层剥笋,娓娓道来,那份情趣在结构变化中显得微妙了很多。

2. 借景渲染

借景抒情,寓情朦胧,而所写事的情意也包藏在其中,只是更若隐若现,欲言不明,让人有所意会,又不能猜透,唯有往下看。如学生所写的《那片紫色,触动我的心灵》:

原文:

在这片紫色的花前树下,我和挚友的深情,也随着这片紫色一起繁荣。

改文:

那满树的繁华,紫色的流光溢散着、闪耀着。朦胧了日光,朦胧了时间,亦朦胧了我的眼。

在这份"紫色的情意"中可以包蕴对事物的情意,也可以饱含对人的情意,再加上这几句诗意的语言,可以让读者产生更多美妙的幻想,这"紫色"中到底藏了什么?悬念也就这样产生了,往下读的想法也就有了。

3. 对比衬托

将原本大家认定的事理、思维与现实的不同方面等对举,如学生所写的《我不想再这样了》:

原文:

从小,我就被告之"勤能补拙"。现在,为了达到我的目标,我每天都在努力。

改文:

从小,我就被告之"勤能补拙",但即使我现在要比班里的好多同学都努力完成作业,我依然一直是个落后者。

"天才是百分之一的灵感加百分之九十九的勤奋"……多少勉励我们要勤奋的话语和事例,让我们早早地懂得了勤奋的可贵,勤奋能创造奇迹。可为什么在这个小作者身上却失灵了呢?让读者产生疑惑。这里究竟出了什么问题?作者都很想为小作者把脉,解决这个棘手的问题,让小作者重拾信心。这样,读者必然愿意读下去。

4. 一反常态

以反常的语言、行为开头,定会让人产生疑问,从而引发读者思考。如学生所写的《那一刻我后悔了》:

原文：

今天正好不巧，在车站等了半天也不见车来。不远处，一个有些神志不清的妇女，拉着这个、拉着那个地说："我的女儿，快跟妈妈回家！我的女儿，快跟妈妈回家……"在我刚想跨向我等到的公车时，她抓住了我的手。

改文：

我正准备跨向等待已久的公车时，可突然只觉一只手紧抓着我的手不放，同时听到急促的喊声："我的女儿，快跟妈妈回家！我的女儿，快跟妈妈回家……"车上车下各种奇异的眼神，看得我脸上热辣辣的，她抓得我的手生疼。我恐惧着、迟疑着，最后还是用力扯开了她的手，并快步逃到了车里。

原文直接把当时看到和感受到的一股脑儿写了出来，一个发了疯的"母亲"，引来的是大家的害怕和同情。而改文展现了一个"母亲"呼唤着、拉扯着孩子，而这个孩子却在"惊恐"和"迟疑"中扯开了她的手，狠心地扬长而去，大家一下子走进了母女争吵的设想中。但究竟是什么事情，在这里设置悬念，然后再在后面一步步释疑，增加了读者的关注度。

文无定法，但开头悬念的设置应简明扼要、切中要害，恰到好处地"故弄玄虚"一点，但决不能随便弄噱头。

（二）中间设悬，曲折生动

故事曲折才动人。若在叙事过程中也卖一两个关子，设置悬念，就能收获意料之内的满足、意料之外的享受。写作不能像货摊摆架，把东西都一股脑儿地拿出来，让人一览无余。写文章要造曲径起波澜、营奇谷遇险峰，要步步为营，层层铺设，设悬与释悬可以相继运用。悬念加接，环环相扣，使文势曲折变化，跌宕起伏，情味富足。

1. 藏头露峰

特意隐藏一些缘由、关键的细节，其他部分照样向前推进，疑惑就会随之产生，文章就有了曲折。如学生所写的《驭风跑道》：

赛手们整齐排列在跑道上，一个个女将也是摩拳擦掌，神气不输男同学。有的正在舒展筋骨，容颜无动，让人猜不透在想什么；有的手掐腰，扭动着颈与脚，脸上溢满了骄傲的笑容，似乎自己已经拿到了冠军，满心欢喜；有的抖擞抖擞脚，手插着腰，从容地俯视着赛道，有时还往颁奖台上瞅，满是颁奖时才露出的欢喜笑容……有的居然还在系鞋带，令人汗颜的动作，超强的自信心。一个个看过来，咦，这位女生真特别！

"砰！"地一声枪响，女选手一个个都像出笼的脱兔，飞奔出去。她排在最后一个跑道，紧跟在后面，然后慢慢地落后于前面的选手。

"唉，你看！她也来参加800赛跑？跑道第一绝啊！这还是我们运动会上的第一次吧？"旁边的看客带着嘲弄的语气对她指指点点。黝黑的脸上，一对坚定的眼神旁若无视，只看着前方的方向，即使她听到了别人对她的评说，也全然不顾地往前跑着。

待她跑到第二圈中途时，别的选手已领先她一圈了。她的第三圈刚开始，领先的选手在同学们的"加油"中继续全速领先，还有两三个选手，因为体力不支，虽然还有领先她的优势，却已放弃了可望而不可即的终点。

随着裁判们的掐秒计时，赛手们一个个结束了他们的赛程。那位特别的女生，一个人跑在跑道上，还是面不动容，所有的观众开始聚焦于她。我看着她艰难迟缓的步伐，那双与她身体比较而伶仃的脚，"噗，噗"地震动着跑道。"她会放弃吗？她应该放弃了。跑不跑都是最后一名，跑又有什么意义呢？"我在心里想着，但看向她的眼神，依然如初地坚定着。

"风之骄子"一般定会展现赛跑选手中最厉害的，小作者的眼光也在开始就落在了一位"特别"的女生身上，但并没有马上说明其"特别"在什么地方，这就留下了第一个悬念，吸引读者往下看。在跑道第一圈上，这位"特别"的女生就已落后，难道是她有什么特别的战略战术吗？让人无限期待。在落后一圈时，读者可以知道她不可能再追上前面的选手，读者开始明白，这位特别的选手其实并不是跑步健将。在她前面的选手也开始放弃时，不直接写那位女生的神情，而写"我"的心理，使读者产生猜测和期待心理。

在把这位女生特别胖、跑起来缓慢的特点隐藏起来，就把本可以直截了当的事写弯曲了。犹如"抱琵琶遮面"，读者在欲想不明时，就产生好奇心、激起了探究心。然后在必要时揭示出理由和原因，这样文章在曲折后的张力就产生了，特别是出人意料的结果摆在眼前时，意外、新奇的收获就会更好地满足学生求新的追求心理，如那鼎湖山"半含半露、欲近故远"的山泉，使人更生爱恋和追寻之意。

2. 善用插叙

在叙事过程，先不交代清楚事情的原委，而是在合适的地方插入一个片段。插叙并不影响故事本身的发展，但它的存在能对情节、人物起推动作用，如学生所写的《那一刻我后悔了》：

车开始关上，而她还在呼喊着、拍打着车门。惊魂方定，感觉车上有好多双莫名的眼睛看着我，看得我脸生火辣辣。议论纷纷的话语开始传开，其中一位老大爷开始讲述这个妇人的故事：原来她有一个幸福美满的家庭，有爱她的丈夫，有一个可爱聪明的女儿，可是孩子在七岁那年失踪了，不管他们怎么找，也没有任何音讯，后来日思夜想就成现在这样子了，孩子长大应该会有刚才孩子那样大了吧……这时，一名男子骑着自行车火急火燎地赶来，衣服已湿到背，一手推车，一手拉住她，只听得她还在大喊："我找到我的孩子了！快点把她找回来！"车开始启动……

这位焦急四处寻找妻子的丈夫，会不会陪着这位可怜的妻子进行一次追寻女儿之程呢？这份同情、悲苦，美好的心理期许在展开。

3. 欲扬先抑

先写出对事物或人不满或不快的地方，然后因为某些原因，情况发生了变化。这样容易使故事情节多变，让人留下较深刻的印象。如学生所写的《回家路上》：

在石路，与去火车站的姐姐告别后，已近黄昏，天色渐暗。示意招了辆出租车就上了，上车关门坐好一看，那司机一头光亮，卷起的衣袖里微露着文身，心里一下开始泛起很多恐怖的念头。转眼车子已开动，他猛踩着油门，车子在路上东穿西晃中前进，特别狂野，好像在开赛车的架势，把我从这头晃到那头。我很想和他说声"开得稳当点"，但话到嘴边还是一次次地咽了下去。

……

一切还算顺利，我快到自己家门口了。看看里程表，先把钱准备好："啊，钱不够，还缺8块。"掏遍了全身也没找到。车已停下，我可怜地说："叔叔，我钱不够，先给你这些。我回家拿，你等我一会。"他侧脸说了声："没关系。"伸手接过了钱，这时看到他的手，原来那是一处疤痕。等我拿着那8块钱出来的时候，车子已经消失在黑幕中了。

一开始从司机令人害怕的外表和开车情况写起，刻画了他的恐怖形象，而后文一个小小的细节——一个未拿钱而去的背影，让人对司机有了新的认识。开始的抑，可以带给读者更多的联想，也为后文小小的转折垫高了高度。

4. 借用误会

误会能使事情变得曲折，而误会地解开定会有另一番意趣。如学生所写的《爱其实很简单》：

……

中午自习很早就要开始的，所以一拿到饭就发疯似的往嘴里塞，我因吃得太快，便不停地打嗝，本以为过一点时间就会好的，可谁知，到了教室，还是在不停地打着。唉。没办法，坐在座位上，边打边写作业。

这时，同学们都放下笔，看着我，这时，A同学就说："没事吧？"

"没事，只是控制不住而已，呵呵！"我说。

同学们听后好像安了心。大家终于又开始奋笔疾书了，而我则基本控制下来了。

可万万没想到，过了几分钟，竟然又开始打嗝了。

这时A同学立刻放下手中笔，走出了教室。我心想：是否我的打嗝声打扰了他呢？

顿时心中有点愧疚。

过了一会儿，他回来了，手中多了一杯水，他着急地把水递给我，水还是温的，说："喝口水吧！这样会好一点的。"我分明听到他气喘吁吁的声音。

……

一个"基本"，为下文的"打嗝"又起设下了伏笔，后文还有戏。果不其然，"嗝"又起，承接了上文的伏笔，这时同学们又会有什么反应呢？A同学径直走了出去？他出去干什么呢？是生气了？那扰人的"嗝"真够折磨人。接着写"我"因为觉得自己打嗝让人心生不快的惭愧心理，几个打嗝不至于丢弃作业，生气而走吧？那这位同学究竟出去干什么了？文生曲折，心生悬疑。A同学回来却端了一杯温水，还附上了贴心的关照。在狐疑猜测的误会中把这份简单、不经意的情谊凸显得那么真诚、质朴而伟大无私。

作品从平淡到丰富的华丽转身，悬念可以起到很大的作用。在作品中要注意好情节的"起""承""转""合"，直奔高潮和主题的文章无法满足读者的阅读享受。在叙事中重视"转""承"的调配，把悬念设置其中，故事就能曲折跌宕，读起来情味无限。

（三）结尾设悬，萦绕丰蕴

有人认为，只要写好了文章的开头、主体部分，什么样的结尾就已经不重要了。这样的想法是极其错误的，读者被作者一步步地吸引，正津津有味的时候，却因一个味同嚼蜡的结尾扫兴。虎头蛇尾，必然功亏一篑；画蛇添足，一定锐减意蕴；拖泥带水，只会徒留无趣；空喊口号，只能淡而无味。一篇好的文章必求好的结尾，除照应开头、凸显主旨之外，还留给读者有一个更广阔的思维空间，让主题在看似不经意一笔中有了发挥和提升，产生余音不绝之感。留一个似断非断的结尾，就能达到如此效果。

1.揭示谜底，戛然而止

结尾时是在解开谜团时，加上一个出人意料的结局，不加入过多的拖沓话语，斩钉截铁，提早了断。如学生所写的《考场上》：

原文：

考试铃声响起，我捡起那张纸一看："请注意，作图要用2B铅笔！"我顿时哑口无言，我竟然把好朋友的好心当作想要作弊，但我又怎么能知道纸团写的什么，捡起来打开不就成了作弊……我只能苦着脸向好朋友致谢并表示歉。

改文：

考试铃声响起，她用低垂着的失落眼神看着我，我假装没有看到。待考卷收走，收拾东西时，我才弯腰拾起那被我挡在脚边的那一团委屈的纸团，心生鄙弃地打开了它："请注意，作图要用 2B 铅笔！"

原来的结尾想要说清楚，但那种踌躇不知如何是好的心理，反而欲说不清，拖沓啰唆，读来无味。而改文在意料之外的结局时戛然而止，看似轻描淡写，但"我"那时翻江倒海，惭愧难当，不知如何是好的心理却足以在这没有预料的字眼中充分显现。"我"又将何去何从？如何面对这位好朋友？朋友是怎么看待"我"的表现的？他们的友谊还将再继续吗？细细品读、思索，原本纯净至深的友谊遭到误会，不禁让人无限惆怅和感慨。文断，意不断，结尾亦可熠熠生辉。

2.悬而不决，意味深长

到结尾时，一般都是在前文设悬的基础上去释悬，揭示谜底，但不是所有事情都会在当时那刻才有结局的。不如就利用事情原本的特点，在文章结束时再设悬，反而可以引起更多的思考。如学生所写的《那一天下午》：

原文：

但愿天下儿女都能关爱他们的爸爸妈妈，就像当年爱着他们一样。

改文：

明天，不知道老奶奶的命运又将何去何从。

原文，小作者发出了一个很好的愿望，呼吁普天下的儿女都能做到尊老爱亲、赡养父母，这是很美好的心愿，也表现着小作者美好的品质。改后的结尾，今天老人的悲惨一幕结束了，那老人的命运会改变吗？老人的儿子媳妇以后会善待老人吗？这样的念想不禁在读者心里产生，并引发读者深深地思考。在众目睽睽之下，他们并没有感到一丝的惭愧和羞耻，反而是"义正词严""振振有词"，他们的停歇只是觉得今天已经闹够了，自己累了。这样的闹剧和悲剧还将不停地延续，老人的悲苦应该不会结束。如何去改变这样的老人们的不幸命运，是一个值得深思的问题。在结束时设下悬念，让文章在结束时又不结束，更深、更多的念想可以在读者脑中产生，拓展了超越本身一篇小文章所能蕴含的意味！

要能根据文章的内容和表达的需要，精心结尾。构置好的结尾，方法有很多种，只要各行其道，能殊途同归，产生好的效果就是好。结尾仍留有悬念，可以让文章如"撞钟"声声不绝于耳，传播更远。言有尽，而意无穷，耐人寻味。

指导学生写作设悬，并不是无病呻吟，决不能马虎草率、随心所欲、任意妄为。而是利用学生喜欢出奇制胜的阅读心理，在理清文章思路的基础上，学会把握关键和要害之处，调整顺序，巧用方法，设置悬念，注重语段间起承转合的衔接，使构思精巧诱人。

"悬念"的一大特点就是能抓住人的心，引起人们对事、物等的关切心理。在作文指导课中加入悬念，使课堂变得引人入胜，这样学生就能够在寻根究底的期待中，渐渐投入。一石激起千层浪，悬念激荡了作文教学课堂，使课堂多了活跃和主动，使学生身不由己、心怀畅远。指导学生写作时加入悬念，用悬念使一个又一个平淡的故事变得丰厚充实。同时，用悬念来浸泽作文，使思想主题的表现更加有棱角、凸显乃至更广阔的延伸。因为悬念，教学和创作的湖面金光粼粼，悬念为教学、生活和写作架起了一座神奇的桥梁。悬念确实是个奇妙的东西，当然，悬念也不能滥用，特别是在写作中要合情合理。

第四章　初中语文阅读教学

基础教育课程改革，是教育界当前和今后很长一个时期的中心工作。走进新课程，在实践中体现《语文课程标准》的精神，实施真正意义上的教学改革，分析、研究教学中的新情况和新问题，逐步革新自己的教学行为，是历史赋予我们的艰巨使命。现代文阅读在整个阅读教学中是一个重要内容，但在实际教学中却成为难点。现代文阅读要求学生具备一定的语言基础，掌握一定的阅读方法技巧，养成良好的阅读习惯，才能确保良好的教学效果。初中语文教师在现代文阅读教学过程中，应该重视课本中精选的现代文阅读，创新教学方法，要教给学生现代文阅读的方法，还要注重加大课外阅读积累，使学生的语文学习水平得到提升。

"读书破万卷，下笔如有神""书读百遍，其义自见"，古人生动地道出了阅读的重要性。现代文阅读能力也是体现语文水平的一个重要方面，而且综观近几年的中考命题，现代文阅读在试题中所占的比重居高不下，因此提高学生的现代文阅读能力已成为语文教学中的一个重要任务。学生现代文阅读能力的培养有赖于教师的正确引导，既要指导学生大量阅读课内外优秀的现代文，达到一个量的积累，又要教给学生阅读方法，满足质的要求。

第一节　记叙文阅读

一、记叙文的定义及特点

（一）记叙文的定义

记叙文是以记人、叙事、写景、状物为主，以写人物的经历和事物发展变化为主要内容的一种文体形式。

阅读教学是学生、教师和文本之间的对话过程。教师要认真研读教材、精心设计教学方案后才能施教，学生要自主阅读文本，并进行思考，在课堂中提出疑问。课堂是教师和学生思维碰撞、解决疑难问题的地方。学习记叙文阅读一定要抓住人物、时间、地点和事件的起因、经过、结果这六要素，也就大体把握了全文的基本内容。要了解记叙文的分类，即写人类、写事类、写景状物类，还要理解记叙文的写法，如用的第几人称、遵循什么记叙顺序、记叙的线索是什么、选材和剪裁有什么特点等。至于语言方面，还要学会着重品味关键性语句的表达作用，揣摩记叙文的语言特点。

（二）记叙文的特点

记叙文的主要特点是以记叙为主，并采取综合表达的方法，包括记叙中的描写、记叙中的说明、记叙中的议论和抒情等。

记叙文常见的表达方式是记叙、描写、抒情和议论。记叙，就是记载和叙述人物的经历、活动以及事物发展变化的经过；描写，就是以形象的语言对人物、事件、环境进行细致入微的描绘，给人以真切的感受；抒情，就是抒发、表达自己的感情；议论，就是讲述道理，也就是作者通过对事物、事件的评论，来表明自己的观点和态度。

记叙和描写是记叙文常见的表达方式，记叙和描写的结合，是记叙文写作的基本要求。记叙是通过一般的述说和交代，把人物或事件及其相互关系变化介绍给读者，使读者对事物的发展和全貌有一个清晰的了解；描写是在记叙的基础上，用生动形象的语言，将人物、事件、景物存在与变化的具体状态进行精细的描绘，从而造成一种如见其人、如闻其声、如临其境的感觉，使读者受到艺术感染，并留下难以忘怀的印象。记叙文如果缺少描写，就会平淡苍白，主题不突出，形象不鲜明，情节不感人。当然，描写要恰当，为中心服务。所谓恰当，即突出特征、符合身份、写出变化。

二、记叙文阅读教学策略

科学有效的记叙文阅读教学，可以使学生在语言文字的驾驭能力与文学作品的欣赏水平上实现质的飞跃。记叙文阅读教学第一步，在于要教会学生理解文章题目的作用与含义，重视题目在阅读中的价值。第二步，在于教会学生准确把握文章中心，了解作者的思想感情，领悟文章的思想意义。第三步，在于带领学生分析关键语句、经典语句的含义。

著名作家巴金说过："仅在字母、文字和书页中浏览一番——这不是读书。阅览和死记——也不是读书。读书要有感受，要有审美感，对他人的金玉良言，要能融会贯通，并使之付诸实现。"由此可见阅读在语文教学中的重要作用。记叙文阅读教学在初中语文教学中占据着举足轻重的地位。它一方面承接学生在小学期间对语文学习的重点，另一方面又延伸拓展了学生的听、说、读、写能力。科学有效的记叙文阅读教学，可以使学生对学过的文学作品留下深刻的印象。

（一）教会学生理解文章题目的作用与含义，重视题目在阅读中的价值

有的题目概括了文章的主要内容，如朱德的《回忆我的母亲》，文章主要写了作者在母亲去世后，对母亲生前事件的回忆；有的题目表明了文章的主要事件，如莫怀戚的《散步》，全文叙写了"我"与妻子、儿子、母亲在乡间散步的事情，来表达作者对中年人社会责任感的认识；有的题目表明文章的主要人物，如胡适先生的《我的母亲》，全文以"我的母亲"为写作对象，记叙了作者童年与少年时期母亲对自己的关爱与教育的几件事；有的题目点明了文章中心，如王鲁彦的《我爱故乡的杨梅》，文章通过写故乡杨梅的形、色、香、味，来表达对故乡杨梅的热爱，对故乡的热爱；有的题目就是文章的叙事线索，如朱自清的《背影》，文章四次写到父亲的背影，贯穿全文始终；而林海英的《爸爸的花儿落了》，文章题目则一语双关，既表明爸爸种的花儿死了，又暗示了爸爸的生命走到了尽头；再如，契诃夫的《变色龙》则具有比喻义，把文章中见风使舵、溜须拍马、媚上欺下的警官奥楚蔑洛夫比作会根据环境不同改变体肤颜色，从而保护自己的小动物变色龙。

理解题目的作用与含义，学生就会对文章了然于心，而不会出现学过一篇课文后头脑一片混沌，往往连课文题目与内容都对应不上的现象。

（二）教会学生准确把握文章中心，了解作者的思想感情，领悟文章的思想意义

张晓风的《行道树》一文中，"神圣的事业总是痛苦的，但是，也唯有这种痛苦能把深沉给予我们"，直接点明了文章中心，借对行道树的赞美，赞美那些默默无闻、无私奉献的人民。宗璞的《紫藤萝瀑布》，"花和人都会遇到各种各样的不幸，而生命的长河是永无止境的"一句，点明中心，揭示一个人生哲理：人的一生中都会遇到各种挫折与不幸，但是只要能够勇敢面对，积极克服困难，就会迎来成功。

而更多文章，则没有直接点明文章中心的语句，需要教师引导学生通过对课文主要事件、主要内容、主要人物形象特征进行分析，从而总结出文章的中心。如张之路的《羚羊木雕》一文，通过对主要事件——"我"没有经过爸爸妈妈允许，就私自将家里珍贵的羚羊木雕送给了好朋友万芳，爸爸妈妈非逼"我"反悔，去向万芳要回来，最后"我"要回了羚羊木雕，万芳也原谅了"我"。表现父母要理解和尊重孩子的世界，歌颂孩子之间纯真友情的中心思想。朱自清的《背影》一文，作者通过写父亲的四次背影、儿子的六次流泪，表现父亲对儿子的疼爱，以及儿子对父爱的感悟。朱德的《回忆我的母亲》一文通过诸多事情的记叙，表现母亲勤劳、俭朴、聪明、能干、识大体、明事理等优秀品质，表达对母亲的感激与赞美之情。

（三）带领学生分析关键语句、经典语句的含义

之前学生在学过一篇课文后，往往对课文只有一个大概的印象，只有极少数的美文佳作能够背下来，而又很容易忘掉，但是文章里的一些关键语句、经典语句总能让学生铭记一生，那是因为他们深刻领悟了这些语句的含义。

如朱自清的《春》，"红的像火，粉的像霞，白的像雪"，文章以简单又形象的比喻，让学生对百花盛开的春天有了深刻印象，也让学生在写作中对于如何描绘事物有了启发。再如，美国作家莫顿·亨特的《走一步，再走一步》："我提醒自己，不要想着远在下面的岩石，而要着眼于那最初的一小步，走了这一步再走下一步，直到抵达我所要到的地方。这时，我便可以惊奇而自豪地回头看看，自己所走过的路程是多么漫长"，这一段话让学生学会了"将大的困难分解成一个一个小的困难，然后逐个解决"的生活哲理。

分析关键语句、经典语句，着重从分析关键词语入手。如茨威格《伟大的悲剧》中，"对人类来说，第一个到达者拥有一切，第二个到达者什么也不是"，可以把"拥有一切"与"什么也不是"这一对意义上相对的短语作为关键词语来分析，理解这句话的含义是作者站在一行斯科特探险者的立场上，与阿蒙森探险队角逐失败后，表达出了其极度沮丧、痛苦的心情。臧克家的《说和做——记闻一多先生言行片段》一文中有"他是口的巨人，行的高标"一句，这里可以通过对"巨人"与"高标"这样一对意义相近的词语进行分析，理解作者对闻一多先生"做了也不说""说了，接着就是做"言行完全一致的高尚品格的高度赞美。

而对于海伦·凯勒《再塑生命的人》中的句子："爱有点儿像太阳没有出来以前天空中的云彩，你摸不到云彩，但你能感觉到雨水。你也知道，在经过一天酷热日晒之后，要是花和大地能得到雨水会是多么高兴呀！爱也是摸不着的，但你却能感到她带来的甜蜜。没有爱，你就不快活，也不想玩了"，可以从对喻体"云彩"一词入手来进行分析：云彩是摸不着的，但能够给花儿和大地带来雨水，使它们得到滋养，这也是爱的特征，爱就像云彩一样，虽然看不见，也摸不着，但它能够在人们需要的时候出现，给人们带来帮助，让人们感到温暖。

第二节　说明文阅读

一、说明文的定义及特点

（一）说明文的定义

说明文是一种以说明为主要表达方式的文章体裁。它通过对实体事物科学的解说，对客观事物做出说明或对抽象事理的阐释，使人们对事物的形态、构造、性质、种类、成因、功能、关系或对事理的概念、特点、来源、演变、异同等能有科学的认识，从而获得有关的知识。说明文的中心鲜明突出，其文章具有科学性、条理性，语言确切生动。它通过揭示概念来说明事物特征、本质及其规律性。说明文一般介绍事物的形状、构造、类别、关系、功能，解释事物的原理、含义、特点和演变等。说明文实用性很强，它包括广告、说明书、提要、提示、规则、章程和解说词等。说明文有的以时间为序，有的以空间为序；有的由现象写到本质，有的由主写到次；有的按工艺流程顺序来说明；有的按事物的性质、功用、原理等顺序来说明。

（二）说明文的特点

1. 文字的说明性

说明文的主要特点是它的说明性。说明文跟记叙文不同。记叙文通过对人物活动、事件经过、环境变化的具体叙述和形象描写，反映事物的本质，并给人以具体生动的感受。说明文则要求对事物的本质特征做出直接的说明，一般很少有形象的描绘。说明文跟议论文也不同。议论文要求运用概念、判断、推理来反映客观事物的本质和规律，直接提出自己的意见和主张。说明文则直接说明事物的形状、性质、成因、关系和功用等，一般不需要对事物表示意见、发表主张。

当然，说明、记述、描写、议论这几种表达方式常常是结合使用的。在说明文里往往有一些记述成分，如文章开头先叙述要说明的是什么事物，说明中又常常做一些必要的描述等。说明文里有时也有议论的成分，如从说明文中引出一些感想，或者对说明的事做些简单评价等。但是，说明文最主要的表达方式还是说明。

2. 内容的知识性

说明文写作以传授知识为其根本目的，这是说明文体区别于其他文体的重要特点。人们之所以要写说明文，是因为要通过这一传播媒介，把用劳动和智慧创造的文明一代代传下去。好的说明文，都能具体详尽地为读者提供某一方面的知识，都能解决诸如"这是什么"或"这是为什么"一类的问题。例如，《中国的石拱桥》告诉了读者有关桥、拱桥、中国的石拱桥以及中国石拱桥的杰作——赵州桥和卢沟桥的一系列知识。再如，你即使没有游览过北京故宫，但跟随着说明文《故宫博物院》，你将会有身临其境的感觉，从它壮观的三大殿游到美丽的后花园，都会让你流连忘返；你也许没有参观过人民大会堂，但当你读了说明文《人民大会堂》后，你对这座宏伟建筑的规模、结构、布局、设施等，也会有详细的了解，并使你大开眼界。

强调说明文的知识性，并不排斥其他文体也能给人以知识。事实上许多优秀的记叙文和精辟的议论文同样给人以知识。但是，传授知识并不是它们的主要任务。而说明文则是以传授知识为直接目的的。

3. 表达的客观性

说明文的客观性有两个方面的含义：其一，作者在写作说明文时，其写作态度是客观的，无论是对实体事物的说明，还是对抽象事理的说明，都必须如实反映客观事物，一般不带主观感情色彩，也不表示作者的倾向。其二，文章所介绍的知识必须是符合客观实际的，具备客观的科学性。例如，松，松科植物的总称。常绿或落叶乔木，少数为灌木。树皮多为鳞片状，结球果。种属甚多，我国有 10 属 113 种，29 变种，木材用途广。树脂可提松香和松节油等，种子可榨油和食用。这段关于松的说明文，只是对松树的种、属、形状和用途等做了客观如实介绍，是说明式的语言，作者的态度十分客观，不带任何主观感情色彩，所表达的知识内容符合实际，具有科学的依据。

4. 文章的实用性

任何一种文体，都有其自身的实用性，但说明文的实用性表现得更为直接。它可以直接作用于人们的工作、学习、生活，起到介绍知识、指导实践的作用。事实上，诸如工农业生产、商业营销、文教卫生、体育运动、生活学习，哪一方面都离不开说明文。如产品说明、设备保养方法、情报资料、教科书、工具书、各种建筑、人物及风土人情的介绍以及科学小品等，真是数不胜数。一套新的生产设备人们可以根据安装、使用、保养说明书来进行安装和使用；人们在捕鱼时，可以根据说明文《鱼类的声音》中提供的各种有关鱼的叫声来判断鱼群的行踪；家庭主妇可以按照《烹饪指南》介绍的方法，烧出可口的美味佳肴……总之，说明文的用途很多，无论哪一个领域都有说明文的用武之地。随着科学事业的不断发展，说明文的使用价值会越来越大。

二、说明文阅读教学策略

语文新课程标准提出："阅读评价要综合考查学生阅读过程中的感受、体验、理解和价值取向，考查其阅读的兴趣、方法与习惯以及阅读材料的选择和阅读量。"一直以来，说明文阅读能力都是各地语文中考重要的考查内容之一。现在很多地区的中考说明文阅读内容的选材已经发生了变化：从原先的课内所学内容转向课外阅读材料，中考说明文阅读已经成为考查学生阅读能力的一项重要内容。

说明文作为语文教材中的重要组成部分，充分体现着语文课程的"工具性"性质，体现着语文能被人利用以达到认识世界、改造世界的特性。正因如此，语文新课程标准明确要求初中生具备阅读和写作说明文的基本能力。

初中语文说明文阅读教学的目的在于让学生初步掌握说明文阅读与写作的基本方法。其重点有二：一是教会学生怎样抓住事物的特征来介绍事物；二是引导学生理解并运用常见的说明顺序、结构和方法。具体流程及策略如下：

1. 探究构思

这一教学板块可作为课前预习内容，也可作为课堂教学内容。在实施过程中可分为两步走：

（1）教师引导学生仔细观察教材中的彩色插图（有条件的学校可出示教学挂图或用多媒体背图显示），并认真探究图中事物的主要特点。

（2）要求学生构思草拟一则介绍说明写作提纲，提纲重点体现事物的特点，说明的顺序、结构和方法。

2. 阅读反思

这一教学板块是课堂教学的重点。在实施过程中也可分为两步走：

（1）教师指导学生自主通读全文，分析课文体现的说明文文体的基本特点，重点梳理归纳出抓住事物的特征来介绍事物的技巧，以及常见的说明顺序、结构和方法等。

（2）教师引导学生将自己的写作提纲与课文相关内容进行比照，并反思自己观察内容、探究过程、写作思路与方法的得失。

3. 拓展阅读

这一教学板块可作为一次课后综合性活动内容，教师可依据教学实情灵活处理。

（1）教师组织学生分组开展一次课外阅读活动，大量搜集以课文中所描写事物为描写对象的说明文，从而进一步积累对说明对象特点及风格的认识。

（2）可引导学生在广泛课外阅读的基础上，将搜集整理的材料作为写作的素材，梳理归纳出的写作技巧，写一篇说明文。

初中说明文教学的新模式融阅读与写作于一体，践行了新课程理念，充分利用了各类课程资源，激发了学生的学习热情与兴趣，大大提高了初中说明文的教学效率，消除了初中说明文传统教学模式中长期存在的弊端，有较强的实用性与推广价值。

第三节 议论文阅读

一、议论文的定义和特点

（一）议论文的定义

议论文，又叫说理文，是一种剖析事物、论述事理、发表意见、提出主张的文体。作者通过摆事实、讲道理和辨是非等方法，来确定其观点正确或错误，赞成或否定某种主张。议论文应该观点明确、论据充分、语言精练、论证合理、有严密的逻辑性。

议论文是以议论为主要表达方式，通过摆事实、讲道理等，直接表达作者的观点和主张的常用文体。它不同于记叙文以形象生动的记叙来间接地表达作者的思想感情，也不同于说明文侧重介绍或解释事物的形状、性质、成因、功能等。总而言之，议论文是以理服人的文章，记叙文和说明文则是以事感人、以知授人的文章。

（二）议论文的特点

（1）议论文的主要表达方式是议论，即用概念、判断和推理等来表示作者的观点，阐明道理；或者批驳别人的错误意见，指出其谬误。因此，它具有说服性。

（2）议论文的基本结构由论点、论据、论证三部分组成，即所谓议论文的三要素。

（3）议论文的语言是以议论为主，而记叙、说明或抒情等也有，都是为议论服务的。议论文的语言讲究抽象性、概括性和严密性，表达要求准确、中肯、鲜明。

议论文的阅读，所选文章内容侧重于人文色彩，如对学生进行人格、思想、品质、心理等方面的教育。试题以主观试题为主，也有开放性试题。

二、议论文阅读教学策略

议论文是九年级的一个学习重点，占中考现代文阅读的三分之一，既是三大文体的传统内容，也是考查学生创新、思辨、认识等思维能力、阅读理解能力的内容。从这个意义上说，议论文内容是初中语文阅读教学的重要内容，也是中考阅读练习的一个重要组成部分。

（一）提早加入一些文质兼美的议论文

"工欲善其事，必先利其器。"要想更好地引导学生，教师只有先丰富自己，将知识转化为自身的教学营养，所以教师必须广泛地阅读，并从中选取一些文质兼美、贴近学生生活的小文章，时代感要强，要符合学生的生活，让他们觉得离自己的生活是很近的。在八年级下学期或更早一些时候提早引入，这样既可以拓宽学生学习语文的视野，又可以对他们的思想有一定的指导性。对议论文的教学也有一定的指导作用。过去教材中出现的那些典范性的文章也可拿来使用。比如，《怀疑与学问》《想和做》等。历年中考题中的比较典型的试题，我们也可以拿来作为辅助，提早介入。不一定是做练习，教师可以有针对性地介绍或分析。到九年级时，再接触课本中的文章，学生就不会出现畏难情绪了。教师要积极大胆地引导学生走出课本、深入生活、深入社会，让学生的潜能得到充分激发。

（二）提高学生议论文文本解读能力

每一位教师必须注重 45 分钟教学。有的教师愿意以做题来代替教学，这种做法是不对的。在教学中，教师必须教会学生分析文本的能力。在课堂上指导学生阅读，其目的在于让学生认识到细读文本是理解文章并开始解题的前提、基础。让学生掌握议论文阅读的基本思路，必须要先学会通读全文，然后迅速厘清思路，勾勒出全文各段的思路。通过以上的训练，最终让学生面对内容不同的每一篇文章，能从规律上把握它，把文章切分成一块一块，然后又能以一条线轻松串接起来。

让学生真正走进文本，静下心来读懂文本，是提高学生语文阅读素养和应试解题技能的根本途径。

（三）阅读规律与方法的点拨指导

如果能让学生真正走进文本、学会自己解读文本，就可以把一篇议论文很清晰地分解为"提出问题—分析问题—解决问题"三大部分，抓准"中心论点"，分析段落的"中心句"，找出"论据"，明确各段"论证角度及方法"，厘清"论证总体思路"，独立做出这些解读之后，再去做题，学生会觉得方向明确，不会被题目拖着走，不会被题目的变化所困扰。同时，必须教会学生不能忽视文章的整体性，不能管窥蠡测，只见树木，不见森林，断章取义。要从文章的整体出发，于高处、大处着眼，由浅入深，层层深入，层层确定。唯有如此，我们的理解才不至于失之偏颇、谬误丛生。

这个时候，我们再教给学生一些纯粹用于答题的规律、技巧，从形式上给学生一些可以遵循的模式，以利于其答题方向明确、分析到位、表述准确。规律性的东西最好由学生自己总结，教师不可以越俎代庖，可以带着他们分析，答案要让学生自己说出来。因为只有自己反复推敲、反复锤炼形成的东西才会深深地刻在学生的头脑中。

第五章　初中语文写作教学

写作是语文学习的重要组成部分，其能力的提升对学生的语文综合素质有着直接的影响。所以，在初中语文的教学中，教师应该重视写作教学的地位，并采取有效的方法来提升学生的写作能力。众所周知，大部分语文教师在写作教学中，受应试教育影响，理解过于片面，对教学的认识不足，导致学生整体写作水平不高。所以，教师应该及时转变观念，不断优化教学方式，充分激发学生的写作兴趣，帮助学生掌握更多的写作技巧，促进学生写作水平的有效提升。

第一节　记叙文写作

写作是语文教学中的重要组成部分，教师应重视记叙文写作教学的开展，进行丰富的阅读积累，提高素材积累质量，让学生写出真实情感，达到良好的教学目的。

一、与生活实际联系

写作训练实际上是在训练学生的观察能力，要让学生用眼睛去观察周围的事物，观察人物的一言一行；训练学生的听力，要多用耳朵去听取环境中的声音，听取人们说话时的声调和语气。要写一篇好的记叙文，就要仔细留心观察生活中的一点一滴，作文的创作素材完全来自生活积累，绝不能脱离生活实际。所以，在记叙文写作技巧方面，要特别注意培养学生观察生活的技巧和习惯，正确引导学生关注生活中精彩的瞬间，尝试将人物、时间、地点和事件的起因、经过、结果这六大要素记叙出来，这样文章就有血有肉了，逐步训练学生巧妙地将精彩的瞬间转换为表达自我情感的文字创作。

比如，在以"线索清晰"为主要训练目的的记叙文写作教学中，可以安排学生观察某一事物，然后进行有线索地表述，这个事物完全可以选择教师自己，因为学生平时接触最多的就是教师，观察得多了，注意到的细节也就多了。有的学生观察教师的顺序从五官外貌写起，到教师的日常行为；也有同学从师生日常交流中捕捉到的细节入手，主要描写充满个性风格的教师等。观察的顺序不同，描写顺序也就不同。对事物的感受不同，也就有不同的描写手法。

二、指导学生构思

当前教师在进行记叙文讲解时，往往讲得不够深入，不能帮助学生真正打开思维，常常是对写作方法进行一定的指导，缺乏对写作思路的讲解。因此，教师在写作课教学时，首先要帮助学生理顺写作思路，让学生了解可以写哪些，不能写哪些，从根本上杜绝学生跑题现象的发生，然后再帮助学生了解如何运用材料、对文章的情节如何设置等，哪些应该详写，哪些应该略写，如何安排详略，对于这些问题教师都应该进行深入的讲解，从而帮助学生进行可操作性强的作文引导训练，进而才能有效地提高其写作水平。

三、进行仿写

仿写作为一种作文训练手法，能带着学生慢慢走进"写作"的文学殿堂，不管是作为范例的课文，还是其他优秀的文学作品，内容、写法和技巧等都值得研究和效仿，正如王维模仿了陶渊明的《桃花源记》写成了《桃源诗》。在写作教学中，教师可指导学生进行仿写训练，从仿写句子到仿写片段，再到仿写范文，帮助学生尽快熟悉写作过程，把握写作思路，只要勤练笔，定能熟能生巧。

四、培养良好的阅读习惯

要想提高学生的写作能力，就应该保证学生积累语言素材，并加强片段的连接，只有这样才能节省学生的写作时间，培养学生的逻辑思维能力。在开展片段练习时还应该将其中的重点体现出来，并对学生的写作水平方面进行了解，然后根据学生的学习现状制订对应的写作教学方案，只有这样才能激发学生学习的积极性，提高学生的学习效率。

五、注重细节之处

在记叙文写作中，描写细节是重中之重，学生在写作过程中往往会得到教师的这样一个评价："简单叙述事件，缺乏生动的描写。"学生也因为写作中缺乏细节描写从而导致得分不高。虽然大部分的教师在教学的过程中会告诉学生，细节描写包括语言描写、神态描写以及心理描写等多种描写方式，但许多学生在写作的过程中不会运用各种描写方式，对此教师要重视学生的细节描写。例如，教师在讲朱自清的《背影》这课时，可让学生找出描写父亲的句子，并让学生感受到语言的魅力所在。教师还可以告诉学生由于每一个人具有一定的差异性，其会受到各种因素的影响，从而导致每一个人的神态是不同的。教师要让学生观察身边的人，抓住人物的神态变化，"放大"来写。同时，教师要提醒学生，要注意将人物的各种描写结合起来，才能够使人物具有一定的饱满性。教师可要求学生描写生活化，凸显人物的性格；教师可让学生从经历过绝望、希望后的心情进行描写，写出每一个片段，这样长期下来，学生就能够逐渐掌握记叙文的描写方法了。

六、改变作文批改的方式

传统的初中作文批改一般是教师批阅，然后学生对教师提出的意见进行修改，这样教师的工作量会更大不说，学生自身也会感到不被重视，尤其是作文本上只有简单的批阅等级，而没有任何评语时。所谓师生共同批改作文，首先是教师和学生面对面批改，有利于针对具体问题进行解决，鉴于班级人数较多，教师可有选择地面对面批改，尤其是针对表述有问题、语言不通顺的学生。其次是互换批改，这主要是针对学生之间的，即学生之间相互交换作文，对于同学作文中出现的问题提出自己的看法，而教师只需要起到指导的作用。最后是朗读批改，这是学生进行自评的手段，很多学生可能在书写和默读的时候很难发现自己的问题，而大声朗读一遍或者两遍就会发现错别字和语法错误等，在反复琢磨和斟酌的过程中，长期积累往往会产生质的变化。

初中语文写作能力的锻炼还是要以记叙事件为主，记叙顺序、记叙方法和叙事技巧是组成一篇优秀记叙文的必备因素。为了进一步深化文章内容，还可以细化记叙顺序和叙事技巧，如用插叙手法和倒叙等手法来突出事件的重点，丰富作品内容，提高阅读兴趣。

第二节 说明文写作

说明文是以说明为主要表达方式，客观地说明事物的特征或事理的一种文体。新课标对初中说明文写作方面的要求："写简单的说明文，做到明白清楚。"然而，就一般中学阶段的教师和学生来说，说明文写作还未能引起师生的重视，因而学生的写作水平也不高。随着社会的不断进步，说明文在生产生活等方面的运用越来越广泛。提高说明文的写作能力，是学生适应新时期社会发展的需要。重视说明文写作教学，有效地激发了中学生写作说明文的兴趣，提高习作质量，需要教师在说明文写作的各个环节予以充分指导。

说明文属于初中生经常接触的说明类体裁，它不仅能够帮助初中生流畅、准确地表达自己的观点，还能促进其逻辑思维能力的不断提升。初中生要写好说明文应从以下几个方面入手：

一、抓住事物的本质特征

德国哲学家莱布尼茨说："任何事物都有共性。"又说："凡物莫不相异""天地间没有两个彼此完全相同的东西"。可见，虽然世间万物都有相似之处，然而它们又有着各自的特性，这些特性便是他们区别于其他事物的辨识标志。因此，在说明文写作中，写作者只有找准其本质特征，才能对目标事物进行准确、客观的描述。

比如，在《中国石拱桥》一课中，作者首先通过古诗词形象概括了石拱桥的外形特质。其次，作者通过介绍其历史与用途说明了中国石拱桥的具体应用。最后，作者以赵州桥和卢沟桥为例，具体阐释中国石拱桥的特点，从而详细说明了对象的特征：外形优美、历史悠久、结构牢固。

二、运用恰当的说明顺序

说明顺序有时间顺序、空间顺序与逻辑顺序。需要注意的是，这些说明顺序是可以同时出现在一篇文章中的，但是尤其需要我们注意的是当这些不同的说明顺序出现在文中时一定要有主次轻重之分。如此一来，学生方能流畅、准确地写出自己想要表达或者是倾诉的内容，并由此获得他人的认可与肯定。

比如，茅以升这篇文章把介绍中国石拱桥的内容分成三个章节：第一部分通过引用诗词等不同手法概括石拱桥的特质；第二部分以我国古代两个著名石拱桥为例，详尽阐述我国石拱桥在最初设计和施工技术上独有的创造力和高超施工技术水平，同时分析能够成功完成施工的原因；第三部分介绍中华人民共和国成立以后，我国在桥梁建设方面取得的新成就，石拱桥技术得到了良好的传承和发展，反映了社会主义体制的优越性，归纳起来，是"石拱桥—中国石拱桥—中国石拱桥的典型杰作—中国石拱桥的新发展"。在这里，作者运用了从普通到特殊、先概括后详尽的顺序进行阐述。

在说明文写作过程中，我们不仅要让学生认识到说明顺序的重要性，还要让他们熟练掌握从主到次、从整体到局部、从一般到特殊等诸多说明顺序，从而促使其说明文结构更加清晰，层次更加分明，布置更加精巧。

三、运用多样化的说明方法

适当准确的说明方法的运用可以使我们的文章更加清晰明了，从而达到事半功倍的效果。比如，做比较可以通过两种事物的比较从而凸显目标事物的特征，利于受众接受。通过做比较，我们可以使说明文既具体，又生动，产生强有力的说服力。打比方，是向别人尤其是向外行把问题解释清楚的良好方法。很多专业人士都愿意采用打比方的方式来解释专业问题，从而使文章浅显易懂，对外行不会产生隔膜。下定义，寥寥数语、简明扼要地阐述事物的本质。举例子，以具体的事例描述目标物，使目标物更加形象化，使人更容易了解。列数字，使所要说明的事物更加准确，在便于读者理解的同时增加文章的说服力。所以引用的数字一定要科学准确，否则会起到反作用，使读者不能与文章产生共鸣。

四、语言力求准确

特征清晰、语言准确是说明文的基本要求，这就要求学生在写作过程中不仅要做到用词、造句方面符合语法规范，还要求做到精确并完全符合客观事物的实际。因此，在说明文的写作过程中，学生不能说没把握的话、列举不确定的事例等。同时，在涉及时间、数量、性质和程序等方面知识时，学生要在描述上做到完全准确。当然在描述的过程中主要把握说明文语言准确，并非一定得用确数，也可以用约数，如"大约""可能""估计"等词语。

比如，在《中国石拱桥》一课中，作者在介绍赵州桥和卢沟桥的长、宽、拱长时，运用了列数字的说明方法："赵州桥非常雄伟，全长50.82米，两端宽9.6米，中部略窄，宽9米。"这些数字，都是经过科学的测量得来的，非常准确地描述出了两座桥的规模。同时，文中也用了一些表示不完全肯定或有所限制的词语，如"《水经注》里提到的'旅人桥'，大约建成于公元282年，可能是有记载的最早的石拱桥了。"文章中用"大约""可能"等类似的约数，用"有记载的"等限定词，使表述更为科学、严谨。总之，说明文是初中生必须掌握的一种文体，而作为语文教师，我们必须在教学中让学生建立起对说明文的良好认知，使之能够用流畅的语言、严谨的结构对被说明事物做出科学而详细的解释。

第三节 议论文写作

随着教育体制的不断改革，应试教育已不再适应社会发展的需求。当前，世界各国都强调教育一定要注重学生综合能力的培养，以学生的核心素养培养为基础，来促进学生的全面发展。议论文写作对学生的写作水平要求更加严格，不仅需要学生具备良好的修养，还要有较强的写作功底、清晰的思维以及开阔的思路，议论文的写作训练实质上是学生思想的重要体现，以核心素养为基础来培养学生序列化的议论文写作，真正掌握序列化的写作技巧，掌握真正的写作能力，才是教师最关心的问题。

一、从技巧层面确定写作教学内容

这一主张以一线教师为主，他们以传统的技巧讲授为中心，侧重于在作文指导上传授"套路"与"技巧"，用工艺流程式的方法训练学生作文，如"开头先来几个排比句，中间分论点排列整齐，例证要涉及古今中外，正反结合，结尾再用几个反问句，最好用一句话来收束全文……"

这种做法只是强调学生在语言上下功夫，而对真正关乎学生写作素养的思维能力的提升却视而不见。从根本上来说，不能改变学生的思维习惯与思维方法，更不能从源头上解决学生思路打不开、思维能力低下的问题。王栋生说："靠俗招碰运气，即使应试得逞，也极有可能导致学生形成错误的写作观，这种功利的写作观会影响他们对事物的判断，从而更加忽略写作学习。"

二、通过激趣来完成写作任务

学生对作文有畏难情绪，拿到作文题目无话可说、无感可发者比比皆是。孔子曾云:"知之者不如好之者，好之者不如乐之者。"所以从接受心理学的角度而言，兴趣确实是最好的老师。

"兴趣派"依据马斯洛的需求层次理论，认为每个学生都有自我实现的需要，都有需要被认可、被关注的心理。他们"从趣味性出发，立足于活动课程，激发学生的写作兴趣，产生写作的动力，从而完成写作任务"。他们或注重语言上的鼓励，或提倡"活动课程"，用"创设情境""创新作文"等各种特色活动，将写作之路延伸，搭建展示学生魅力的舞台，通过活动让学生感受到写作的乐趣，树立学生写作的自信心，让学生爱上写作。

不可否认，写作的兴趣确实能带来写作的激情，但这也只能解决学生"愿写"的问题，并不能解决学生"能写"和"会写"的问题。

三、从读写关系角度确定议论文写作教学内容

这种主张基于读和写的关系，提倡"以读促写""以读带写"，引导学生在读中积累一些素材，利用阅读去提升学生议论文写作的技巧，或者认为读可以为写提供参考模式、写作范本、材料来源，从而解决"无话可说""无感可发"的问题。主张者要求学生挖掘经典的价值，学习名家名作的篇章结构，积累美文华章的好词好句，从仿写开始，采取改写、补写、续写、扩写、缩写等多种形式，达到在模仿中创新的效果。

教学中原本读是手段，写是目的，可部分教师到最后可能出现以读促写、以写促读这种混淆教学目的与教学手段的行为。因此，从读写角度确定议论文写作教学亦非简单。更何况"在急切渴望提高写作水平的学生面前，许多教师开出了'多读多写'的良方"。但是，"读什么？写什么？读多少？写多少？如何读？如何写？面对学生的追问，我们又有多少教师能给出一个合情合理的解释"？

四、从生活角度探求写作教学艺术

美国著名教育家杜威和中国著名教育家陶行知是探讨教育和生活关系的集大成者，他们的"生活即教育"，奠定了"生活派"的理论基础。他们的观点是生活为一切创作的来源，无论是文学作品还是学生作文，都源自生活。议论文作为一种常见文体，不管是针砭时弊，还是对某种现象发表意见和看法，都与生活脱不了联系。因此，注重引导学生观察生活、体验生活、感悟生活，从而获得学习的经验与灵感。

诚然，这样的主张早在一千多年前就有人提出过，如唐朝白居易提倡的"文章合为时而著"。一线教师在教授写作时也往往会要求学生联系现实进行写作，但这只是一种写作技法或者说是一种写作意识，生活现象充其量也只是部分解决了学生写作内容丰富性的一面，即写什么，至于如何写的问题还是没有得到很好的解决。

五、从作者情感方面确定写作教学内容

早在清朝的袁枚就提出过"独抒性灵，不拘格套"的写作理念。程式化指导下的作文充斥着大量的"虚情假意"，而"真情派"提倡"我手写我心"，提倡无拘无束地表达，让学生抒发真情实感，提倡充满个性化的语言，反对套话。

这种主张很有市场，尤其是有人还认为写作是私密性的行为，无拘束地表达自己

的真情实感才是写作的追求。但是，我们有没有深入思考过，如果只是一味地要求学生通过写作表达自己的真情实感，就能够解决作文教学中的各种问题吗？更何况这里还涉及另一个问题，怎样才能使学生写出自己的真情实感？或者反过来问：是什么阻碍了学生表达自己的真情实感？

因此，提倡真情实感是一种写作态度，而不能说是写作技巧或写作思维。

六、议论文写作方法

（一）以说辩促写作

正如叶圣陶先生在《认真地努力地把语文学好》一文中指出："学习语文的目标，就在于把听、说、读、写四项本领学得更好。"听、说、读、写就是当今新课标中语文教学的核心素养，在进行议论文写作训练时，不能将写和听、说、读三者割裂开来处理，而是要将之融合，以借助其他三项来提升写作的实效。具体操作如下：

1. 课前 3 分钟演说

每节课前安排 3 分钟的演说活动，其主题由教师和学生共同提供：某某某，我想对你说（如司马迁、项羽、刘邦、李密等在课文中出现过的人物）、时事热点或对名家名作的评析等，学生从上述主题中自由择一演说。

2. 讲后 2 分钟，师生一起评一评

学生按学号顺序演说，前一学号的同学演说后，后一学号的同学做一句话评析并给分，其他同学评析一次会加 10 分，最后教师进行评讲和打分，由语文课代表统计分数取平均值即是演说者此次的最终成绩。由于议论文的观点很多时候是个人的看法，很难要求人人认可，碰到有争议性话题，也不拘泥于时间限制，会让他们展开讨论、辩论。

3. 运用 40 分钟，唇枪舌剑辩一辩

很多考生写议论文还是采取观点加材料的加法运算，要么以简单的罗列论据来代替论证，要么是缺乏对论据进行必要的分析，论点被架空，叙事拖沓，说理肤浅。怎样解决这样一个普遍性的问题？我想，在学生有了说评的基础后，来一场升级的辩论赛，是能收到成效的。

辩论，是锻炼学生议论文思维的一种很好的方式。每一次的发言都需要论点明晰，论据充足，引证恰当，分析透彻，表达清晰流畅，层次清楚，逻辑严密。而为了不被对手在辩论场上反击得哑口无言，同学们更是群策群力、集思广益，调动自己的亲朋好友帮助查找资料，拓展搜寻资料的范围（书本、网络、社区等）和方式（文字、图片、声音等）。

辩论结束之后，要求每人任选立场，写一篇 800 字的议论文。有了说辩做基础，布置写这篇文章的时候，同学们的神情是愉悦的，一改之前的愁云惨雾状，写出来的文章言之有物、言之有理，水准也有较大的提高。

（二）以写作促阅读

学生的阅读与写作，如蜜蜂的采花与酿蜜，唯有成为博采的蜜蜂，才能酿造香甜美味的蜂蜜。正如叶圣陶先生所说："阅读是吸收，写作是倾吐，倾吐能否合乎法度，显然与吸收有密切的联系。"其实，反之亦然，想要如唐代李白秀口一吐即是半个盛唐，那就需要大量的阅读。

1. 演说稿的写作离不开阅读

所提供的任何一个演说主题都需要学生进行一定量的阅读，然后依据主题确立自己的观点，并寻找资料作为支撑，尽管要求演说稿要写成议论文的文体，但演说稿又比一般的议论文更为严格，因为它是需要面对观众说出来的，这就要求观点更新颖、论据更充分、条理更清晰。演之无物、说之无理的演说稿是没办法吸引观众的，也经不起观众的推敲和质疑。

2. 辩论卡片的写作需要阅读

当辩论的题目确定之后，无论正方还是反方，首先要做的就是阅读。通过阅读来尽可能地搜集所有与论题相关的资料，从中选取能证明自己立场的资料，而支撑对方观点的资料也要有一定比例的搜集，所谓"知己知彼，百战不殆"。

3. 议论文的写作需要阅读

正如人们常说的，真理越辩越明，尽管经历了演说和辩论两个阶段，在辩论过程中、在思维碰撞过程中，同学们对事情的看法理解不断深入。但是，要写成一篇议论文，仍然需要阅读来帮忙。在整个过程中，阅读不是浪费时间的、随意的、功利性的，而是会成为一种自发的、愉悦的、有趣的行为的，阅读有了目的、深度和广度，又怎能不高效呢？

总之，通过说辩的方式来促进写作，通过写作的方式来促进阅读，将听、说、读、写这四种语文核心素养交织融合，实践证明这是提升议论文写作实效的良策。

第六章　初中语文课堂设计

《礼记·中庸》中说："凡事预则立，不预则废。"教学是一种有目的、有计划、有组织的专业教育活动，教师课前必须进行教学设计。教学设计是一名教师必须具备的一项专业技能。语文教学设计要遵循语文学科的特点和教学的基本规律，在继承传统的基础上吸取现代教学设计理论的精髓，探索并形成符合中国语文教育规律的教学设计理论体系。

第一节　语文教学课堂设计的内涵与意义

一、语文教学设计的内涵

（一）教学设计的内涵

语文教学设计是教学设计理论在语文学科中的应用与发展，所以要探究语文教学设计的内涵，必先弄清"教学设计"的内涵。

教学设计是在 20 世纪 60 年代逐渐发展成为具有独特性质、结构和功能的一门新兴独立课程。现代教学技术于 20 世纪 80 年代传入中国，并以程序化、精确化和合理化的特征而备受人们青睐，其影响巨大。关于"教学设计"的定义，国内外学者从不同角度对其进行了界定，归纳起来主要有如下说法：

1.计划说

计划说是用系统的方法分析教学问题，研究解决问题的途径，评价教学结果的计划过程或系统规则。持有此观点的代表人物主要有美国著名教学设计理论家肯普和美国教育心理学家加涅。肯普将"教学设计"定义为：运用系统方法分析研究教学过程中相互联系的各部分的问题和需求，在连续模式中确立了解决问题的方法步骤，然后评价教学成果的系统计划过程。加涅在《教学设计原理》一书中将"教学设计"定义为：教学设计是一个系统化规划教学系统的过程。教学系统本身是对资源和程序做出有利于学习的安排。任何组织机构，如果其目的旨在开发人的才能，均可以被包括在教学系统中。

2. 方法说

方法说侧重强调教学设计的目标、功能和意义，把教学设计看作是一种研究教学系统、教学过程和制订教学计划的系统方法。而这种方法与过去的教学计划不同，其区别就在于现在说的教学设计有明确的教学目标，着眼于激发、促进、辅助学生的学习，并以帮助每个学生的学习为目的。如当代著名教学设计理论家赖格卢特认为："教学设计是一门涉及理解与改进教学过程的学科。任何设计活动的宗旨都是为了提出达到预期目的的最优途径。因此，教学设计主要是关于提出最优教学方法处方的一门学科，这些最优的教学方法能使学生的知识和技能发生预期的变化。"

3. 技术说

技术说侧重于通过揭示教学设计的作用、性质和本质来界定概念。代表人物主要有当代著名的教学设计理论家梅瑞尔和我国的鲍嵘。梅瑞尔等人在《教学设计新宣言》中认为："教学是一门科学，而教学设计是建立在这一科学基础上的技术，教学设计是一种用以开发学习经验与学习环境的技术，这些学习经验与环境有利于学生获得特定的知识和技能。"鲍嵘在《教学设计理性及其限制》一文中认为，教学设计是一种"旨在促进教学活动程序化、精确化和合理化的现代教学技术"。

4. 方案说

我国学者乌美娜认为："教学设计是运用系统方法分析教学问题和确定教学目标，建立教学问题的策略方案、试行解决方案、评价试行结果和对方案进行修改的过程。它以优化教学效果为目的，以学习理论、教学理论和传播学为理论基础。"教学设计就是根据教学对象和教学目标，来确定合适的教学起点与终点，将教学诸要素有序、优化地安排，形成教学方案的过程。

此外，还有关于教学设计就是运用系统方法和步骤，并对教学结果做出评价的一种计划过程与操作程序的程序说，以及用系统的观点和方法使程序化的措施说等。

通过以上国内外学者对教学设计概念的比较分析，我们发现人们是从三方面对教学设计进行界定的：一是从对教学设计的形态描述来界定，如计划说和方案说；二是从教学设计的功能来界定，如方法说、程序说和措施说；三是从教学设计的性质来界定，如技术说。这些不同的观点都蕴含着教学设计的一些共同特征。

第一，教学设计是教学理论和实践之间的桥梁，兼具指导性和实践性。教学设计首先是教学活动的构想，它体现了教师对课堂教学行为的一种事先筹划，但它一旦付诸实施，就成为了指导师生教学活动的基本依据。教学活动的每个要素、每个活动都不可避免地要受到它的约束和控制。可见，教学设计作为教学过程的启动环节和保证机制，在整个教学活动系统中都起着指导性的作用。同时，教学实践又是教学理论和实践之间的桥梁，它立足于教学实践，吸取教学理论的精华，分析教学要素间的关系并规划教学实施。从形态来说，它是指导教学实践的一种计划和方案；从功能来说，它是运用系统方法设计教学过程使之具有操作性的一种程序；从性质来说，它是一种现代教学技术。因此，教学设计无论从形态、功能还是性质来看，都具有很强的实践性，是一门应用性学科。

第二，教学设计是教师系统规划教学的过程，强调系统性和创造性。教学活动是由许多教学要素组成的一个复杂系统，这一系统包括了教师、学生、资源、学习方法、条件、情境等要素。科学的教学设计是以系统科学方法为指导，对这些教学要素组成的教学活动进行综合的整体安排与组合，使它们以教学目标为核心，相互协调和配合，形成一个完整的教学方案统一体。

教学设计是指教师以现代教学理论为基础，依据具体教学对象的特点和教师自己的教学观念、经验、风格，运用系统的观点与方法，分析教学中的问题和需要，确定教学目标，建立解决问题的步骤，合理组合和安排各种教学要素，为优化教学效果和实施方案的系统的计划过程。由于教学活动要素的多样性和教师教学经验、教学风格的差异性，教学设计都会在不同程度上具有教师个人的风格和特点，创造性也就成为教学设计的另一个基本特点。

（二）语文教学设计的内涵

语文课堂教学中蕴含着人文教育，而人文教育的目的，就是让学生在学习的过程中建立一种做人的基本理念，旨在培养学生对真理的执着追求。通过弘扬语文教学过程中体现的人文精神，使学生学会正确处理与社会、他人的关系，以使自身得到更全面、和谐、正确的发展。

语文教学设计属于学科教学设计，它是从教学设计的一般原理出发，并结合语文学科的教学特点，按照语文课程的教学要求和目标，根据教学内容和学生认知的一般规律，运用教学方法对教学过程做出一种合理安排。教学设计中蕴含着语文教学设计，属于学科教学设计。有人认为，"语文教学设计既有应用理论的成分，又有技术操作的成分，它需要运用语文教学的应用理论去进行语文教学设计的技术操作，所以它属于一种临界科学，我们把它叫作语文教育应用技术学"。

教学设计是老师根据一定的教学理论为基础，从教学的总体目标出发，采用适当的教学方法、教学手段，根据教学内容，设计合理的教学过程，以达到语文教学的最优化，是教学的前期准备。其实语文课堂教学设计就是教学设计的原理、方法在教学中的具体运用，要想使一堂课成功，在前期必须要进行一番精心的设计。其教学设计的主要板块，包括语文教学设计的依据、策略、内涵特征、意义等几个方面。但不乏有些教师基本功不扎实、科研意识比较淡薄、创新意识不强烈，导致对课程标准的了解不深入，甚至不知道什么是教学设计，如何对待教学设计和备课的关系，怎样设计一堂课的教学。

因此，教师除了在原有的基础上突破自己的教育教学观念，更应该对新时期的教学理念进行梳理，以现代教学设计理论为基础，通过研究语文课堂教学设计的理论并加以实践，摆脱传统教学思想的束缚，为广大语文教学工作者提供一些有益的教学设计思路。首先，应以学生的"学"为出发点，遵循学习的潜在规律，强调学生在教学过程中的主体地位；其次，要根据教学设计理论与新时期语文课堂教学的关系，对语文课堂教学设计的概念进行重新界定；最后，在课堂教学的实践过程中，根据不同语文教学背景重新构建课堂设计的过程。

综上所述，我们认为，语文教学设计是语文教师运用教学设计的基本原理，遵循语文教学的一般规律，依据学习对象的特点和教师的教学观念、经验、风格，分析教学中的问题，确定教学目标，研究解决问题的步骤，合理组织各种教学要素，为优化教学效果而制定实施方案的系统的计划过程。这一系统的计划过程实际上就是对教学活动的一种事先筹划，为教学活动设定一个合理的构想。

（三）语文课堂教学设计的特征

语文课堂教学设计是实现语文课堂教学最直接的手段，它不仅有利于加强语文教学的科学性、合理性，而且能提高教学质量、保证教学效果。在新时期下的语文课堂教学设计研究，包括教学设计理论研究、语文课堂教学研究等，有助于语文教育工作者认清当前形势，更有助于减轻教学中存在的各种负担，当备课走向科学化、规范化的方向轨道的同时，教学活动也会取得事半功倍的效果。有些教师已经通过各种方式和途径，初步具备了让学生自主合作、探究的新理念，但在具体教学实施中却仍不见效，为了更好地在课堂教学中实施新的理念，教师不仅要在课堂教学设计上有所突破，更应该将理论与实践和谐统一起来。

语文教学设计不仅受主观因素的影响，更受客观因素的制约。其中主观因素包括教师教育观念、教师专业技能；客观因素包括教学目标、教学内容、教学对象等。我们可以将语文课堂教学设计的特征大致分为以下几个方面：

1. 科学性

语文课堂教学设计并不是固定的讲稿，每当一个教学设计的方案成型，教学活动中的每个环节都会受其束缚，所以这就要求在进行语文教学设计时提高其科学性，形成系统的发现问题、解决问题的科学的语文教学设计。

2. 针对性

随着高科技的迅速发展、网络教学的盛行，学生的学习环境发生了极大的变化。因此，语文教学设计必须围绕学生个体的特性来进行教学，充分挖掘学生的潜能，调动学生的积极性，突出学生在学习中的主体地位。

3. 学科性

语文学科是所有学科的基础，它有自己鲜明的个性，比如在课堂教学中，如何引导学生在掌握旧知识的基础上记忆新的知识，这些都需要精心的设计，更需要注意教学当中存在的变化，保证教学过程的顺利进行。

4. 创造性

教学设计是一项富有创造性的工作，教师的创造性体现在多个方面，比如教学内容的灵活处理、教学方法的灵活多变、教学过程的多样组织等，但是最重要的是每个创造性成果的背后都要因人而异。

语文课堂教学设计是实现语文课堂教学最优化的必要手段。然而，真正的教学设计是通过教师与学生、学生与学生之间的互动，在相互交流与碰撞中不断进行充实和完善的。语文课堂教学设计归根到底是为整个语文教育系统服务，而语文教育在几千年前就开始了它的旅程，因为语文在中国承载着特有的文化，所以通过语文知识来传递文化的方式，致使语文教育在文化发展史上从未间断。

对于我国语文教学发展的研究，不同的人则有不同的视角。王元华从语用教学的角度，在时间上以五种前后相继的范式概括了中国语文教育教学的发展历史。以他的话讲，在这五个教学范式中，教学都是以不断变化的语用知识为主体和核心的。他更为倾向的是师生在共同学习和探讨中如何使用好语言。简单来讲，就是通过学习揣摩、感悟、探讨具体语境中的话语，从而获得一个最基本的人类社会技能。例如，具体语境就包括口语交际和文字写作，文章的现实意义很明确。

虽然我国的语文教育研究者对语文教学早有关注并做了丰富的研究，但在目前由于种种原因，语文教育经验虽十分丰富，但语文理论性的应用知识相对却比较缺乏。举例来讲，有的教师能主动关注个体语文课堂的教学现象和课堂教学问题，但其叙述的教学过程中更倾向于主观性的想象，离实际较远。这些研究从表面上看多带有个人经验的特性，还不能上升到普遍适用的高度。做好语文教学课堂设计不仅对整个语文教学具有实际性的教学意义，而且使学生对整个语文教学的学习产生一个新的高度，获得更深刻的认知，这也是语文教育想要达到的最真实的目的。

二、语文教学设计的意义

语文教学设计是语文教学理念的具体化，是语文课堂教学的基础，也是语文教学评价的重要依据，它最直接的意义是为语文教师实施教学提供一个指导性的计划，并帮助教师调控教学行为及过程。同时，语文教学设计本身就是一个特殊的认识加工过程，具有以下重要意义：

（一）有利于增强教学工作的科学性和有效性

语文教学设计是以教育哲学、教育心理学、语文教育学、语文课程与教学论、语文课程标准等为理论基础的，这就充分保证了教学设计在教育教学理论思想指导中的正确性、时代性和先进性；从微观角度讲，一节语文课的教学设计内容主要有教学目标、教学方法和手段、教学过程和内容、教学实施和评价等。其中，每一个因素设计得是否科学全面、是否合理恰当、难易和数量是否适度、定位和表述是否准确等，都在某种程度上关系着教学工作是否科学有效。另外，语文教学过程，从本质上来讲，是一个以全面提高学生语文素养，促进学生个性全面发展为目的的师生交往过程。这一过程涉及了一系列复杂多变的因素，需要从整体上统筹规划、环节上合理安排，才有可能取得最佳效果，以达到既定目标。

（二）有利于语文教师的成长和发展

《礼记·学记》中说："虽有嘉肴，弗食，不知其旨也；虽有至道，弗学，不知其善也。是故学然后知不足，教然后知困。知不足然后能自反也，知困然后能自强也。故曰：教学相长也。"

语文教学设计是一个非常复杂的对教学多种因素协调加工的心智过程。在这个过程中，教师由原来的"教书匠"变成了教学的"设计师""研究者"，这种角色的转变，需要用现代教育理论来武装的，这就促使教师要不断地学习新的教育理论，更新教育观念，学会在现代教育教学思想理论、语文课程新理念等指导下实施设计。语文教师在进行教学设计时，要主动学习语文学科的新知识、新经验，把握语文学科的前沿动态，这些都有利于教师不断地更新和完善自己的专业知识结构，增强自我反思和科研能力，促进自己的专业成长与发展。

（三）有助于发挥师生双方的主动性和创造性

现代教学理论认为，教学活动是教与学的互动，教师和学生都是教学过程中的中心人物，教师和学生分别是教学过程中的"教育主体"和"学习主体"。学生是学习的主体，对学生的"学"来说，教师是学习活动的组织者和引导者。

教学设计是建立在对学生全方位的分析和新型的师生关系认识上的，着眼于培养学生独立自主的学习能力。从这个意义上讲，教学设计的本质就是如何组织学生学习。以学生为本的教学设计的最终目的，是让每个学习者有可能从个人实际需要展开学习活动。当学生充分认识到自己是学习的主人，学习是自己的事情的时候，学生就会在思想和情感上摒弃依赖、懒惰和被动，进而积极地主宰自己的学习行为，监控学习过程，制订学习计划，安排学习内容和进度，创造性地学习知识和形成多种学习能力，注重学习过程的监管和学习方法的科学有效性，培养正确的学习情感、态度和价值观，进而实现个性完美的发展，全面提高语文素养，逐渐由"知之者"转变为"好之者"，升华为"乐之者"。

同时，语文教学设计活动本身就是语文教师集主动性和创造性于一体的、从无到有的思维创造过程。语文教师在教学中，处于教材和学生的中介位置。教材必须通过他们的理解、设计转化为由浅入深、由知识到能力的科学的教学载体，通过他们的感悟、加工转化为易于学生接受的、富有吸引力的内容，这就需要教师细心了解每个学生的学习品质，预设每个学生的学习变化，做到胸有成竹，根据教师自身教学风格，酝酿和选择最佳的教学设计。在教学设计过程中，教师不仅仅要考虑某一方面的内容，还要在逐一分析的基础上进行综合多项的取舍，以此确定最佳的教学设计。所以，语文教学设计充分发挥了教师的主动性和创造性。

第二节 语文教学课堂设计的依据与原则

语文教学设计是在教学设计理论基础上延伸而来的，既要遵循教学设计的一般规律，吸取现代化教学设计理论的精华，又要突出语文学科的特点和语文教学的基本规律，解决语文教学的实际问题，探索并形成符合语文教育规律的理论体系。

一、语文教学设计的依据

（一）语文教学设计的理论依据

理论是行动的先导。依据现代理论来进行教学设计，是教学设计由经验层次提升为科学理论层次的一个基本前提。语文教学设计是运用系统的方法，把系统理论、传播理论、课程理论、教学理论和学习理论转换成为教学目标、教学内容、教学方法和教学评价等环节的具体计划，是创设教学系统或程序的思维过程。

1. 系统理论

美籍奥地利生物学家贝塔朗菲创立的系统论原理，是人们认识世界和改造世界的重要方法论之一。系统理论的核心思想是系统的整体观念。贝塔朗菲强调，任何系统都是一个有机的整体，它不是各个部分的机械组合或简单相加，系统的整体功能是各要素在孤立状态下所没有的。系统中各要素不是孤立地存在着，每个要素在系统中都处于一定的位置，起着特定的作用。要素之间相互关联，构成了一个不可分割的整体。要素是整体中的要素，如果将要素从系统整体中割离出来，它将失去要素的作用。系统论的基本思想方法是把所研究和处理的对象当作一个系统，分析系统的结构和功能，研究系统、要素、环境三者的相互关系和变动的规律性，并用系统观点看问题。世界上任何事物都可以看成一个系统，所以说系统是普遍存在的。

现代教学倡导以系统论思维指导教学。用系统观来考查教学，教学活动也可以看作是一个由众多教学要素构成的复杂的动态系统，各要素间存在着密切的联系和多种作用形式。将系统理论应用于语文教学设计，就是把语文教学看作是一个由相互关联的要素所组成的具有特定功能的整体，立足于整体，把各种教学要素放在课堂教学系统中来考查，在认识各要素的地位和作用以及它们之间的相互作用的基础上，对教学做出最优的安排。例如，对一篇课文进行教学设计时，不仅要着眼于课文内容本身，考虑讲授本篇课文的教学时数、教学理念、教学目标、教学内容、教学方法、教学手段、教学过程、教学评价、教学问题、课后作业等，而且还要看这篇课文处在什么主题内容的单元板块中，同单元中几篇课文彼此之间所处的位置关系和体现主题的功能作用，在整册书的编排体系中所处的位置及作用，甚至可以追溯到课程设置对此类内容的基本要求等。基于这样的系统思考，可使教学各要素之间相互协作、相互支撑、和谐统一，实现最佳的组合，从而为教学过程最优化打下坚实的基础。

2. 传播理论

传播是指社会信息的传递或社会信息系统的运行，是人与人、人与社会之间通过有意义的符号来进行信息传递、信息接收或信息反馈的总称。从美国著名传播学者施拉姆提出的有意义信号的传播和接受模式来看，有效的传播不仅是发送信息，还要通过反馈途径从接受者那里获取反馈信息，以便据此调整发送出去的信息。

传播理论对教学设计产生了重要的影响。因为教学过程就是信息的传播过程，传播理论首先指出了教学过程的双向性，强调了信息传递者和接受者都是传播过程中积极的主体，接受者不仅接收信息、解释信息，而且还要对信息做出反馈，传播是一种双向的互动过程。传播过程要素是构成教学设计过程的基本要素，其相应的领域如传播内容分析、受众分析、媒体分析、效果分析等研究成果也在不同程度上被教学设计中的学习内容分析、学习者分析、教学媒体的选择以及教学评价等环节所吸收，对教学过程系统中各要素之间的动态联系及相互关系的把握和处理，为教学设计者进行教学设计提供了理论依据。

因此，进行语文教学设计时应基于信息发送和反馈的需要，对学生这个"信息接收者"进行了分析，了解其原有的经验、兴趣和动机，以便确定需要发送信息的内容和方式，并通过反馈，了解新的需要，调整教学信息传递速度的快慢、数量的多少、内容的难易、媒体的匹配程序等，使传送的教学信息更科学有效。目前，传播学的研究仍在不断发展，相信研究的新成果会给教学设计注入新鲜血液，使教学设计得到更好的发展。

3. 教学理论

教学理论是教育学的一个重要分支。它既是一门理论科学，又是一门应用科学；它既要研究教学的现象、问题，揭示教学的一般规律，也要研究利用和遵循规律解决教学实际问题。它既是描述性的理论，也是一种方法性和规范性的理论。有人认为，教学理论是人们在思考教学中所形成的旨在探讨、解释和预测教学现象的观念体系，是人们对各种教学现象及隐藏其后的各种教学关系和矛盾运动的自觉的系统反映。《礼记·学记》应该是世界上最早论述教学理论的专著，其中提出的"教学相长""循序渐进"等教育思想至今仍有价值。

在西方教育文献中，最早使用"教学论"一词的是德国教育家拉特克和捷克教育家夸美纽斯，他们用的词是"Didactica"，并将其解释为"教学的艺术"。赫尔巴特是使教育学成为一门独立科学的先驱，他的开创性贡献在于阐明了教育和教学之间的联系，明确提出了"教育性教学"这一概念。赫尔巴特教育学的核心是把道德教育与学科教学统一起来，从而使道德教育落实在学科教学的坚实基础上，也使学科教学具有了道德教育的任务，成为教育的基本原则，推进了教育理论的发展。赫尔巴特提出了著名的教学形式阶段理论，即清楚、联想、系统和方法。赫尔巴特的弟子席勒及席勒的弟子莱因在这四阶段基础上将理论补充修正为准备、提示、联想、概括与运用五阶段，为广大第一线的教师提供了一个更容易理解、掌握和运用的教学模式。

进入20世纪后，布鲁纳的结构主义教学理论、布卢姆的目标教学理论、赞可夫的"一般发展"教学理论、巴班斯基的教学过程最优化理论、皮亚杰的认知理论、加涅的"联结—认知"理论和建构主义学习理论、罗杰斯的人本主义理论以及维果茨基的"最近发展区"理论等，都是以解决教学目的、师生关系、教学方法、教学媒体、信息传输等问题为目的，而这些正是教学设计所要解决的问题。因此，教学理论必然成为教学设计的直接理论来源。教师只有自觉学习和运用科学的教学理论，并以此来指导教学设计，才能使自己的教学设计由经验层次上升到科学理性的层次。

4.学习理论

教学设计的目的是促进学习者更有效地学习。因此,教学设计必须充分研究学习者的学习,即根据学习者的学习需求,制定目标,研究策略,选择媒体。这也就决定了学习理论在教学设计中的基础地位。

学习理论是教育学的一门分支学科,它是指描述或说明人和动物学习的性质、过程、动机以及影响学习的方法和策略等各种因素的学说。学习理论主要描述和说明学习是怎样发生的以及学习开始后会发生一些什么情况。因为人们对学习认识的不同进而会对教学实践产生影响。通过解释学习的发生和发展过程,学习理论对有关学习法则的大量知识加以归纳和概括,使其进一步系统化、条理化和规范化,从而揭示学习的基本规律。因此,学习理论也必然是教学设计的基础理论。

20世纪上半叶,行为主义的学习理论占据主导地位;20世纪60年代后,认知主义逐渐取代了行为主义;到了20世纪末,建构主义成为学习理论发展新方向。行为主义是基于可观察的行为上的变化,它关注某一重复的行为,直至行为变为自动、无意识的。认知主义是基于行为背后的思维过程,通过观察到的行为来分析学习者内心的变化。建构主义是基于这样一个假设:每个人根据自己的经验和计划来建构自己对世界的看法,建构主义关注的是学习者在一定的情境中解决问题。从教学设计发展的轨迹来看,受学习理论的影响,教学设计也经历了行为主义教学设计、认知主义教学设计和建构主义教学设计阶段。

(二)教学设计的现实依据

1.教师教学经验

从一定意义上说,教学设计过程是语文教师个体创造性劳动的过程,任何一个教学设计方案都凝聚着教师个人的教学经验、智慧和风格。教师丰富的教学经验、智慧和风格是形成个性化教学及教学艺术化的重要基础,是促进课堂教学丰富多彩、开放活泼的基本条件。好的教学经验是语文教师在长期的教学实践中总结出来的规律性知识,可以帮助教师获得好的教学效果。所以,教师的教学经验是教学设计的基本依据。在教学设计中,虽不能完全依据经验实施教学,但也不能排斥教学经验的作用。只有将科学的理论、方法与好的教学经验结合起来,才能使教学设计既有共性,又有个性,最终达到科学性和艺术性的完美统一。

2.学生特点

教学活动是教与学的双边活动。以学生为本位的教学活动是让学生有可能根据个人实际需要展开学习活动,"教"的任务就是组织和促进学生学习。因此,学生的学习基础、学习能力、学习兴趣、思维特点等,就成了教师教学设计的出发点。从这个角度说，所谓的教学设计，就是从学生的问题出发，为不同的学生设计出符合他们需要的学习方案。这就要求教师在教学设计过程中，必须把学生身心发展的特点和规律作为教学设计的一个重要依据加以认真对待。也就是说，教师作为教学活动的设计者，在决定教什么和如何教时，应当全面考虑学生学习的需要、认知规律和学习兴趣，着眼于辅助、激发、促进学生的学习。

3. 教学实际需要

教学设计是一种教学活动的设想，但不是脱离实际的幻想。脱离了教学实际，也就谈不上进行教学设计。换句话说，教学设计就是为满足教学实际需要服务的。因此，教学活动的实际需要是教学设计最根本的依据。教学活动的实际需要具体体现为教学内容、教学环境条件、学生实际等因素。所以，教师在进行教学设计时，首先，要确定符合教学实际的教学目标，明确教学任务；其次，要围绕教学目标分析和处理教材，确定教学内容；最后，要根据教学环境、教学条件等各种教学因素来综合考虑设计教学活动、选择教学策略和确定评价手段，使教学设计立足于满足教学实际的基础上，发挥它对教学活动的指导作用。

（三）语文学科教学设计的依据

1. 语文课程标准

语文课程标准是由国家教育行政部门制定和颁发的，是规范语文教学实践的指导性文件。它是语文课程的总体设计，从整体上规定语文课程的性质，揭示其在课程体系中的地位，为语文课程的设计、语文教材的编写和语文教学的实施都提供了依据。语文教学设计中大到设计的基本理念，小到教学设计中的各个因素，无一不受到课程标准的制约。语文教学设计要依据工具性和人文性相统一的学科性质，在把握新理念的基础上，深入理解课程标准，把握课程标准的精神实质。以课程标准为参照，把学生的学习需求作为教学活动的真正起点，设计出符合课程改革理念的教学设计。

2. 语文教材

不管是传统课程的教学，还是新课程的教学，总是要用教材教的，教材是教与学的凭借。我们凭借教材教学科的知识、教学科学习的方法，凭借教材让学生在学科学习实践过程中形成并提高学科学习能力，凭借教材培养学生的科学精神和人文素养。教材的重点、难点是我们制定教学目标的重要依据。语文学科是一门人文学科，它的教材内容与教学目标的对应不像自然学科那么明显。我们在分析教材设计的教学目标时，要抓准教材的重难点，充分利用教材的特点，落实课程标准中相应的目标要求。目前，初中语文教材有人教版（人民教育出版社）、苏教版（江苏教育出版社）、北师大版（北京师范大学出版社）等版本。这几套教材既体现新的语文课程观、语文素养观和语文教学观的共同点，又各自拥有独特的教材编排特色。语文教材内容非常丰富，具有实践性和综合性特征。从文体上分，有记叙文、说明文、议论文、诗歌、散文、戏剧等；从教学内容分，有识字写字、阅读、写作、口语交际和综合性学习五个板块。教材编排特点和内容直接决定了教学设计的价值取向。

二、语文教学设计的原则

语文教学设计要运用教学设计的基本原理，同语文教学设计的依据一样，既要遵循教学设计的一般原则，又要突出语文学科的特点。

（一）充分发挥师生双方在教学中的主动性和创造性原则

学生是语文学习的主体，教师是学习活动的组织者和引导者。语文教学应在师生平等对话的过程中进行。语文教学应激发学生的学习兴趣，培养学生自主学习的意识和习惯，引导学生掌握语文学习的方法，为学生创设有利于自主、合作、探究学习的环境；尊重学生的个体差异，鼓励学生选择适合自己的学习方式。

教师应确立适应社会发展和学生需求的语文教育观念，注重吸收新知识，来不断提高自身的综合素养；应认真钻研教材，正确理解、把握教材内容，创造性地使用教材；应积极开发、合理利用课程资源，灵活运用多种教学策略和现代教育技术，努力探索网络环境下新的教学方式；应精心设计和组织教学活动，重视启发式、讨论式教学，启迪学生智慧，提高语文教学质量。

（二）教学中努力体现语文的实践性和综合性原则

教师应努力改进课堂教学，一方面要在教学设计中整体考虑知识与能力、过程与方法、情感态度与价值观，要注重听、说、读、写的紧密联系，加强教学内容的整合，统筹安排教学活动，促进学生语文素养的整体提高；另一方面要在教学实施中重视学生读书、写作、口语交际、搜集处理信息等语文实践，提倡多读多写，改变机械、粗糙、烦琐的作业方式，让学生在语文实践中学习语文、学会学习。善于通过专题学习等方式，沟通课堂内外，沟通听、说、读、写，增加学生语文实践的机会。充分利用学校、家庭和社区等教育资源，开展综合性学习活动，拓宽学生的学习空间。

（三）重视情感态度与价值观的正确导向原则

在语文教学中培养学生正确的思想观念、科学的思维方式、高尚的道德情操、健康的审美情趣和积极的人生态度，与帮助他们掌握学习方法，提高语文能力的过程融为一体的。应该根据语文学科的特点，注重熏陶感染、潜移默化地把这些内容渗透于日常的教学过程之中。

（四）重视培养学生的创新精神和实践能力原则

语文教学要注重语言的积累、感悟和运用，注重基本技能训练，让学生打好扎实的语文基础，尤其要注意激发学生的好奇心、求知欲，发展学生的思维，培养想象力，开发创造潜能，提高学生发现、分析和解决问题的能力，提高语文综合应用能力。

（五）遵循学生的身心发展规律和语文学习规律原则

遵循学生的身心发展规律和语文学习规律，选择教学策略。学生生理、心理以及语言能力的发展具有阶段性特征，教学的不同内容也有各自的规律，应该根据不同学段学生的特点和不同的教学内容，采取合适的教学策略。

教学过程就是教师根据现代社会发展的需要、学生身心发展的规律和语文学科知识的逻辑顺序，指导学生进行物质生产和精神生产，以发展自身的身体素质和精神素质的过程。所以，语文课程标准是把课程目标分成总目标和阶段目标。每个阶段对识字写字、口语交际、阅读教学、写作教学和综合性学习都做了重点突出、主次分明、由浅入深、螺旋上升、循序渐进的安排。例如，语文课程的标准中明确指出，阅读教学应注重培养学生感受、理解、欣赏和评价的能力。这种综合能力的培养，各学段可以有所侧重，但不应把它们机械地割裂开来；关于"写作"的目标，第一学段定位于"写作"，第二学段开始"习作"，这是为了降低写作起始阶段的难度，要着重培养学生的写作兴趣和自信心。

（六）针对性原则

语文教学的设计，首先要从课本的单元教学要求、文体特征和学生的实际水平出发，确定一堂课的教学目标，明确教材的重点与难点，选择突破重点、难点的方式方法，安排教学程序。同时，语文教学的设计必须姓"语"，高度重视对学生听、说、读、写能力的训练，尤其是对思维能力的训练。忽视了这一点，也就难免将语文教学变成道德说教或狂轰滥炸式的架空分析。

这一原则要求我们在进行课堂教学设计时，必须是真正的而不是停留在口头上的，做到"三吃透"，即吃透大纲、吃透教材、吃透学生，让学生受到实实在在的思想教育。很多人都有这样的认识，语文单靠在课堂上的学习是学不好的，可以说"到处留心皆语文"，语文学习的广阔天地是在课外这个大教室。语文学科的教学，具有开放性原则，要求教师在进行语文教学设计时，要从现代社会生活的要求着眼，培养学生语文感悟能力和语言运用能力。近年来，不少学校相当重视语文教学的环境课程设置，营造语文教学的氛围。开放性原则还要求教师在语文教学设计时，要高度重视语文学习的思维特点与开放性。我们知道，想象和联想不只是作家创作的重要手段，也是普通人写作的重要手段。同样的学生学习别人的作品、学习写作也不能离开想象和联想。我们的教学设计，如能引导学生在联想和想象中领悟作品的意义、接受美的熏陶，对激发他们创造美，无疑是会收到良好的效果的。当然，语文学习思维的开放性远不只是想象和联想，它还包括思维的迁移与变异等更丰富的形式。语文教学的设计，应在切实考虑由课内向课外的自然延伸的同时，精心设计让学生充分展示自己语文才能的场景，让学生在生动活泼的语文学习活动中掌握语文知识，提高听、说、读、写能力。

（七）灵活性原则

课堂教学的情况是瞬息万变的，语文课堂教学尤其如此。教师在考虑语文教学设计时，固然要考虑一堂课、一篇课文、一个单元教学的完整性。但须知，一味考虑教学的完整性，势必趋于呆板、僵化，导致课堂气氛的沉闷或矫揉造作，造成表层完美的虚假现象。语文教学设计的灵活性原则，要求我们在语文教学设计时必须充分预测课堂中可能出现的各种情况，以及相应的解决方式和方法，以便在课堂教学中随机应变。可以说灵活性原则是语文教学设计艺术性的集中反映。教师成功的秘诀就在于在教学设计时，绝不拘泥于某种方式，而是善于在灵活多变的方式方法中让学生受到艺术的陶冶，在灵魂和人格上得到塑造，又让其学到系统规范的语法、修辞、逻辑等语文知识，得到思维的磨炼，最充分、最有效地发挥语文学科"传道、授业、解惑"的功能。

（八）关联性原则

语文教学区别于其他学科教学的重要特征，就在于语文教材的内容几乎涉及了人类社会积累的所有科学文化知识，因而它客观上要求语文教师必须是一个杂家。教师在进行教学设计时，必须考虑具体课文所涉及的相关学科知识，特别是文科色彩很强的哲学、历史知识等。有些语文知识的领悟，必须借助于这些知识的点播和引导才能实现。语文教学设计的关联性原则还体现在语文学科本身各知识点的联系上，它要求我们在教学设计时必须考虑新旧知识的联系，乃至本课教学与以后教学的联系。例如，当一名重要作家的作品第一次在教材中出现，教师在进行教学设计时就要考虑其对以后该作家的作品学习的帮助。也就是说，语文的教学设计，应有利于营造引导学生由已知到未知的探索氛围，让学生在潜移默化、多次积累中培养对语文学习的悟性。

除此之外，语文教学设计还应遵循以下原则：面向全体学生全面提高学生的语文素养；积极倡导自主、合作和探究的学习方式；运用多元的评价形式，形成性评价和终结性评价、定性评价和定量评价相结合等。

第三节　语文教学课堂设计的过程与要素

一、语文教学设计的基本过程

　　语文教学设计范围比较广泛，按照涉及时段的长短，我们可以将它分为课题教学设计、单元教学设计、学期教学设计或学段教学设计；按照所涉及的内容，又可以分为阅读教学设计、写作教学设计、口语交际教学设计和综合实践学习活动设计等。不管是在什么范围和内容上进行设计，教师必须遵循的教学设计原理和程序是基本一致的。如果对教学设计的过程做一个循环的分析，其基本流程如图 1-1 所示。

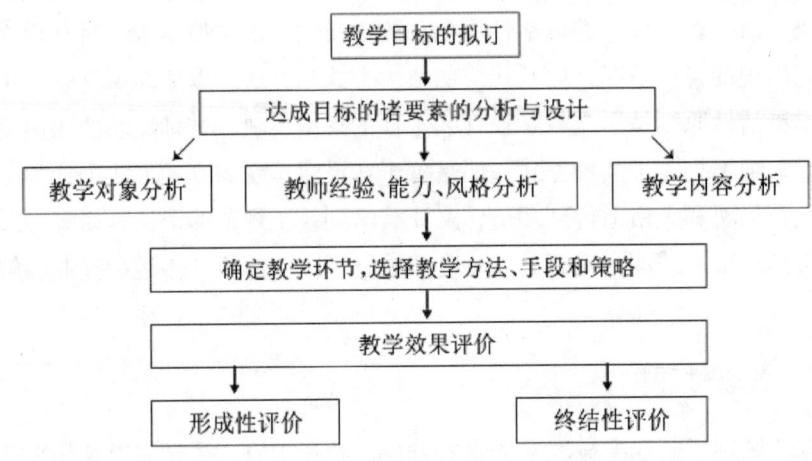

图1-1　教学设计基本流程示意图

　　一个完整的教学设计过程，大体分为三大步六小步：一是确定教学目标（我们期待学生通过本阶段学习应达到的标准）；二是达成教学目标的要素的分析与设计，包括教学对象分析（确定学习者的起点状态）、确定教学内容（通过分析教材确定）、安排教学过程（教学内容活动进程的设计）；三是教师教学经验、风格分析；四是根据教学内容和学习者的特征确定教学的起点；五是制定教学策略，选择教学媒体；六是进行教学评价，并根据评价所得到的信息对教学设计中的某一个或者几个环节进行修改或调整。

　　以上六步教学设计的过程如果是从教师和学生活动的角度分析，实质就是解决三个大问题：教师要教会学生什么和学生要学会什么；教师怎么教和学生怎么学；教师教得怎样和学生学得怎样。由此也就形成起点、过程、评价三大步的设计。

需要指出的是，教学设计过程并不是一个简单的循环过程。一方面，它会根据教学诊断和评价不断进行调整和修正，从而进入新的循环；另一方面，教学设计过程中的每一个环节都是教学系统中非常重要的构成要素，相互间存在着密切的联系，我们虽对其做出环节上的分解，但实质上，只是该环节侧重于某一要素，同时它还会对其他环节的实施起到一定的制约和影响。比如，教学对象的分析和教材分析虽属第二环节，但它们又都是确定教学目标的依据。

二、语文教学设计要素

（一）语文教学目标的确定

语文教学目标是课堂教学的核心，它既是课堂教学的出发点又是归宿。在教学设计过程中，教学目标对整个教学交往活动具有控制作用，它既控制着教学交往活动的方向、程序和进程，又控制着内容、方法、手段和策略选择，以及师生之间的动态关系。确定科学的语文教学目标需要教师根据社会对人才质量与规格的要求，在分析学生的学情和把握教材内容的基础上，需要结合自身的特点，科学地对教学目标进行表述。语文教学目标设计的总要求是既要符合语文课程与教学的性质和任务，又要系统反映语文的三维目标体系，还要尽可能具体化，使其具有可行性和可测性。

（二）语文教学内容的设计

第一，教学内容的分析是教学目标设计的基础，同时又是教学目标得以实现的载体；第二，在语文教学中，教材内容和教学内容是两个既有区别又有联系的概念，二者不能画等号。从某种角度上说，语文教材内容是教学内容的基础和依据，教学内容是教材内容的重构和延伸。教学内容是在对教材准确理解和把握的基础上，经教学设计而创造的是教材内容的教学化。从教的方面说，教学内容主要指教师为达到教学目标而在教学实践中呈现的种种材料及所传递的信息，它既包括对现成教材内容的沿用，又包括对教材内容的重构，即处理、加工、改变乃至增删、更换等。在教学设计中，教师首先要有效解读教材；其次要在解读教材的基础上，教师灵活地对教材内容进行增删、修改、调整，科学处理教材，将之转化设计成教学内容，做到"用教材教"，而不要"教教材"。语文教学内容设计方法多种多样，依据教学内容、课型、学生、教师、教学设备等不同而有所变化，但也有一些普遍规律可循。

语文教学内容设计其实是一个非常复杂的思维过程，纵向有知识与能力、过程与方法、情感态度与价值观三个维度，横向有识字与写字、阅读、写作、口语交际和综合性学习五个领域，所以教师要依据具体教学情况具体对待，充分体现语文的工具性和人文性相统一的性质，要重点突出、难点分散、疑点明确，要全面培养学生的注意力、观察力、想象力、记忆力、思维力和创造力，要切实进行五个板块的扎实训练，提高语文素养，要沟通课堂内外，充分利用学校、社区和家庭的课程资源，开展综合性学习活动，增强语文实践意识和增加语文实践机会，构建充满生机活力的语文课堂。

（三）语文教学过程设计

教学过程就是教学程序或教学流程，是一个多层次、多类型的复杂系统，是达到教学目标的途径，是在一般认识过程和训练过程的基础上运用教学手段进行的特殊的认识过程和训练过程。按照由大到小层次分，教学过程有学年教学过程、学期教学过程、单元教学过程、一篇课文的教学过程和一个课时的教学过程；按照内容类别分，教学过程有识字和写字的教学过程、阅读教学过程、口语交际教学过程、写作教学过程和综合性学习的教学过程。

（四）语文教学策略设计

在《辞海》中，"策略"一词指"计策谋略"。最早是运用于军事领域，后借用于教育。在较为普遍性的意义上，策略涉及的是为达到某一目的而采用的手段和方法。国内外学者对教学策略的界定各有侧重，不一而足，代表性的观点有如下几种：

施良方认为，教学策略是指教师在课堂上为达到课程目标而采取的一套特定的方式或方法。教学策略要根据教学情境的要求和学生的需要随时发生变化。在国内外的教学理论与教学实践中，绝大多数教学策略都涉及如何提炼或转化课程内容的问题。

袁振国认为，所谓教学策略，是在教学目标确定以后，根据已定的教学任务和学生的特征，有针对性地选择与组合相关的教学内容、教学组织形式、教学方法和技术，形成的具有效率意义的特定教学方案。教学策略具有综合性、可操作性和灵活性等基本特征。

和学新认为，教学策略是为了达到教学目的，完成教学任务，在对教学活动清晰认识的基础上，对教学活动进行调节和控制的一系列执行过程。

邵瑞珍认为，教学策略是在教师教学过程中，为达到教学目标而采取的一系列相对系统的行为。

尽管研究者对教学策略内涵的认识存在不同，但在一般意义上，人们将教学策略理解为：在不同的教学条件下，为达到不同的教学结果所采用的手段和谋略，体现在教与学的交互活动中。

语文教学策略设计有宏观和微观两个层面：宏观角度，教学策略设计是一个系统的决策过程，涵盖教学设计的全部内容，即目标设计、内容设计、过程设计等；微观角度，教学策略的设计就是对教学方法和教学手段的设计。

（五）语文教学评价设计

教学活动要实现预定的教学目标，必须反馈和评价教学效果。对于怎样反馈和评价教学效果这个问题，教师也必须进行科学的设计。语文教学评价是语文教学设计的重要环节。

《义务教育语文课程标准（2011 年版）》在评价建议中指出："语文课程评价的根本目的是促进学生学习，改善教师教学。语文课程评价应准确反映学生的学习水平和学习状况，全面落实语文课程目标。充分发挥语文课程评价的多重功能，恰当运用多种评价方式，注重评价主体的多元与互动，突出语文课程评价的整体性和综合性。要根据不同年龄学生的学习特点，按照不同学段的课程目标，抓住关键，突出重点，采用合适方式，提高评价效率。语文课程评价应该改变过于重视甄别和选拔的状况，突出评价的诊断和发展功能。"可见，语文教学评价的目的是促进学生学习，改善教师教学。

语文教学评价的功能是检查、诊断、反馈、激励、甄别和选拔等，其目的是为了考查学生实现课程目标的程度，检验学生的学习和教师的教学成果，改进学生的学习和教师的教学质量，改善课程设计，完善教学过程。

语文教学评价要注重形成性评价和终结性评价相结合，定性评价和定量评价相结合。加强形成性评价，重视定性评价，采用学生成长档案等多种方式，来记录学生的成长过程。评价方法除了纸笔测试以外，还要有平时的行为观察与记录、问卷调查、面谈讨论等各种方法。同时，语文教学评价还要注重评价主体的多元性和互动性，将教师的评价、学生的自我评价及学生之间的相互评价相结合，加强学生的自我评价和相互评价，促进学生主动学习、自我反思。

语文教学评价要体现出语文课程目标的整体性和综合性，全面考查学生的语文素养。应注意识字与写字、阅读、写作、口语交际和综合性学习五个教学板块内容的有机联系，要注意知识与能力、过程与方法、情感态度与价值观三个目标维度的交融和整合，避免只从知识、能力方面进行评价。

语文教学评价设计的基本内容：第一，确定评价目的，即解决为什么评价的问题；第二，确定评价对象，即解决评价谁、评什么的问题；第三，分析评价目标与确定评价标准；第四，选择评价方法与编制测量工具。

第七章 初中语文教学课堂设计的目标与策略

第一节 语文教学目标设计

一、区分语文课程目标与语文教学目标

课程目标是按照国家的教育方针，根据学生的身心发展规律，通过完成规定的教育任务和学科内容，使学生达到培养要求的目标。它受教育目的的制约，是人才培养目标的具体体现，是课程编制、课程实施和课程评价的准则和指南，是课程标准中的重要部分。语文课程目标是从语文学科的角度规定的人才培养的具体规格和质量要求。

教学目标是教学活动所预期的结果，或是预期的学习活动要达到的标准，多指通过某一具体的教学活动达到的某一具体的可见的行为结果。

（一）区别

从目标的制订者来看，课程目标主要由教育行政部门、课程专家和教师代表共同完成，具有较强的方向性和规定性，其制订需综合考虑学科特点、学生特点、社会需求等各个方面的因素；教学目标主要由教师制订，具有较强的实用性和灵活性，其制订更需要着重考虑学生的特点。

从二者的适用范围来看，课程目标的首要作用是为课程编制提供依据和参考，然后才是为教师的"教"和学生的"学"提供参照，而教学目标则主要是为教师的"教"和学生的"学"提供参考。

因此，课程目标应是教学目标的上位概念，教学目标是课程目标的进一步具体化，是指导、实施和评价教学的基本依据。由于教学目标主要是对局部的教与学产生导向、激励和制约作用，因此它具有更强的实践性和实效性，能直接指导教师的"教"和学生的"学"。而课程目标则事关某一学科的全局，是某一课程编制的指南、教材编写

的依据、课程实施和评价应普遍达到的最低标准。因为它没有将学生的具体情况和学生的个体差异考虑进去，所以并不对具体的教与学起直接指导作用，其主要作用是宏观指导。

（二）联系

课程目标和教学目标在内容上有许多相通的地方，它们都是以国家制定的教育目的为总目标，以各级各类学校的具体培养目标为指导，在各自范围内提出的适应社会、学科和学生的具体教学要求。就具体的语文学科而言，教师的"教"和学生的"学"与语文课程目标之间的关系是非常密切的。语文课程目标对于语文教学有方向性和规定性的作用，统率着教师的"教"和学生的"学"，而教师的"教"则是要根据语文课程目标去确定具体的教学任务和寻求合理而恰当的教学方法；学生"学"的结果，又要逐渐体现课程目标的达成情况。可见，两者关系密切，是不可分割的。

二、中学语文教学目标的功能

教学目标的主要功能有以下三个方面：

（一）导向功能

导向功能即把教学活动导向一定方向的功能。首先，教学目标能使教学活动自觉地进行，这就体现了人的活动的有意识性、自觉目的性、能动性；其次，教学目标能够使教学活动集中于有意义的方向，避开无意义或者不符合预定方向的事物，因此有助于有意义的结果达成；最后，教学目标能够提高教学活动的效率，使教学活动的开展变得事半功倍。

（二）激励功能

恰当的教学目标可以起到激励教学活动的功能。当教学目标与学生的内部需要相一致时，学生为了满足有关的内部需要，就会为了达到教学目标而努力；当教学目标与学生的兴趣一致时，这种教学目标也较明显地激发学生的学习活动，使学生为达到这种教学目标而努力；当教学目标的难度适中时，这种教学目标能够较明显地起到激励学习活动的作用。

（三）标准功能

标准功能即为教学评价提供标准的功能。首先，教学效果评价，最重要的就是要评判教学活动是否达到了预期的教学目标，在多大程度上达到了预期的教学目标；其次，在教师授课质量评价、学生学习效果评价等方面，教学目标也是评价标准之一。

三、中学语文教学目标的类型

（一）中学语文教学目标分类的理论基础

当今世界最具影响力的教学目标分类理论，主要有布卢姆的教学目标分类体系和加涅的学习结果分类系统，这里会对他们的主要观点做一个简单回顾。

1. 布卢姆的目标分类学

布卢姆等把教学目标分为认知领域、动作技能领域、情感领域三大类，并和他的同事对每一类别的目标层次也进行了分析。认知目标包括知识、理解、运用、分析、综合、评价六个层次；技能目标包括观察、模仿、练习、适应四个层次；情感目标包括接受、反应、形成价值观念、组织价值体系、价值体系个性化五个层次。

2. 加涅的教学目标分类理论

在《学习的条件》一书中，加涅认为学习的结果，即教学活动所追求的目标，就是形成学生的五种才能，即言语信息、智力技能、认知策略、运动技能和态度。其中，智力技能区分为：鉴别作用、获得具体概念、为概念下定义、掌握规则和高级规则，认知策略区分为复诵策略、精加工材料、组织策略、元认知策略、情感策略，态度区分为情感因素、认知因素和行为后果。

加涅对言语信息和运动技能没有做进一步的区分。但与布鲁姆的教学目标分类理论相比，加涅的教学目标观强调从学生的角度表述教学目标，对学习结果的分类也较为简洁、实用，因而更受广大教师的欢迎。

3. 关于语文课程三维目标的内涵及关系

（1）三维目标的提出及其内涵

根据课程改革的要求，各学科都要关注学生的综合素质，所以新一轮课程改革对语文课程的目标和内容都进行了重大的调整，加强了整合，将育人的目标纳入学科教育的目标体系中。这样，除了知识和技能目标之外，语文课程目标中也出现了思想观念、情感态度、品位趣味等需要经历较长时间体验、感悟、内化的柔性目标。语文课程标准的目标建立了"三个维度"的模型：知识和能力、过程和方法、情感态度和价值观。这三个维度基本上涵盖了目标分类研究中被广泛认同的三个领域：认知领域、动作技能领域和情感领域。

知识与能力，是每个学科课程都要设定的预期教学指标，是通过一定时间的教学，学生学习行为变化要实现的结果。也就是说，学生学习一门课程，经过一定的阶段，要获取多少知识，在技能、能力上要提高到何种程度，要取得何种结果，这是知识目标、能力目标都具有的共性特征。所以，把知识与技能合在一起，又称为结果性目标。结果性目标概括了知识和能力的本质特征。结果性目标的基本特点是具有动态递升性。有些知识目标、技能目标可能一节课或一个单元就可以实现，有的知识与能力目标可能要经过一学期才能真正实现。知识与能力的培养要有一个近期、中期和长期的获取过程。

过程与方法指在教师指导下学生获取新知识的周期性多元互动的基本程序和具体做法，又称为程序性目标。把过程与方法作为一个维度目标提出来，是为了突出知识与能力这一结果性目标产生、发展和形成的过程，是为了强调如何指导学生学会学习、学会发展、学会创新，是新一轮课程改革的创新标志。

把"过程"与"方法"放在一起，合成一个维度目标，是因为二者是相辅相成的一个整体。强调学习的过程，不仅要明确知识与能力的获得要经过哪些步骤、程序和阶段，而且还要懂得在过程的前、中、后阶段相应选取何种具体做法，整个学习活动过程才能实现最优化。

情感态度与价值观，是人对亲身经历过事实的体验性认识及其由此产生的态度和行为习惯，是对互动教学中心理因素的功能性要求。因为情感态度与价值观不仅有着密切的内在联系，而且都有一种共同的功能，就是对师生互动教学过程与方法的优劣有极其重要的影响和制约作用，对知识与能力结果性目标的达成有巨大的调控作用。因此，三者放在一起，称之为体验性目标。情感是人对所经历过事实的心理体验，这种体验有积极的、有消极的。态度则是人内在情感体验的外在流露。态度取决于情感，而情感态度是学生学习优劣的重要制约因素。教师的责任就是要指导学生用积极的情感战胜消极的情感，用积极的态度去克服消极的态度，并逐步养成良好的行为习惯。价值观，就是对某一知识、事物的价值判断，即有用无用、有多大用处等认识的价值取向。价值观决定了人们的情感态度，而积极的情感态度有助于确立正确的价值观。

（2）三维目标之间的相互关系

新课程的三维目标是相辅相成、相互交融、相互渗透的。三个维度、三个支撑，形成了立体的三维空间。知识与能力是进行学习、探究活动、获得方法的基础；而过程和方法是获取知识、形成能力并形成正确的情感态度和价值观的有效途径；情感、态度是学生探求知识与形成能力的原动力，对知识的获得与能力的形成产生巨大的影响；价值观则是正确落实各种目标的导向标。因此，从整体上看，情感、态度、价值观、方法以及知识的获得过程与能力的形成过程伴随始终。

三维目标在课堂中应该是融为一体的，不可机械地割裂开来，更不可顾此失彼。在确定语文教学目标时要注意几点：首先，知识与能力目标是基础性目标，是课堂教学的常规性任务，必须明确、具体，让学生每节课都有实实在在的收获；其次，过程与方法的目标要实在，要重视让学生自己去体验和探究，要与知识和能力目标紧密结合，不能游离于具体的教学内容和教学任务之外，更不能为过程而过程，为方法而方法；最后，情感态度与价值观目标应该是熏陶感染式的，不能成为标签，不能像讲解知识点那样"教"给学生。只有将三者有机融合并渗透进课堂、课外学习活动中，才能使"三维"目标和谐地得到落实。

（二）基于学生学习经验基础上的语文教学目标分类及其主要内容

按照学生的学习经验来看，新课程三个维度目标涵盖的内容可做如下划分：

1. 认知领域

认知领域的目标一般分为知识、理解、运用、分析、综合、评价六个层次。各个层次分别包含以下内容：一是知识。字词识记、汉语知识、文章知识、写作知识、文学知识及文化常识等。二是理解。词语理解、句子理解、内容理解、作者创作意图理解等。三是运用。遣词造句，用有关知识解释说明，运用已有知识独立作文，运用不同的方法改写、缩写、扩写、读写课文，运用已掌握的阅读方法自己阅读课外书籍等。四是分析和综合。指出重要词语在语言环境中的意义和作用，指出不同文体、不同文学样式的区别，指出不同写作方法的特点，提出疑问并解决问题。五是评价。阅读文学作品有自己独特的感悟和自己的情感体验，读出自我；仔细品味作品中富有表现力的语言，能从不同的视角对同一作品提出自己的观点。

2. 技能领域

技能领域的目标主要包括观察、模仿、练习、适应四个层次，涉及的内容主要包括查字典、书写、朗读、默读、口语交际等。

（1）查字典。能熟练地使用字典，会用多种检字方法。

（2）书写。在使用硬笔熟练地书写正楷字的基础上，学写规范、通行的行楷字，来提高书写速度。

（3）朗读。能用普通话正确、流利、有感情地朗读，能读准轻重、快慢、语调与语气。

（4）默读。阅读一般现代文每分钟不少于500字。

（5）口语交际。能注意对象和场合，文明得体地进行交流；能根据对方的话语、表情、手势、眼神等理解对方的观点和意图；能清楚、连贯、不偏离话题地表达自己的观点；讲述见闻，内容具体，语言生动；复述转述，完整准确、突出要点；能就适当的话题即席讲话和有准备的主题演讲，有自己的观点，有一定的说服力；课堂内外讨论问题，能积极发表自己的看法，有中心、有根据；能听出讨论的焦点，并有针对性地发表意见。

3.情感领域

情感领域目标在语文学科中包括接受、反应、价值倾向、品格形成等。接受：能欣赏名言佳句，对文章所阐述的思想有同感，对作品中的人物命运有共鸣，能按教师的要求口头或书面回答问题等。反应：能说出从文章中获得的美的体验，朗读能准确地表达出作品的情感，能模仿情节中角色的言行及文章的写作特点，说话、演讲注意表情和语气，要有感染力等。价值倾向：对课文所描述对象的是非、美丑能进行鉴别，对作品中所展示的真善美能产生某种价值感和认同感，能根据自己的价值标准对课文做出某种情感反应，能对文中的假丑恶进行鞭挞，引发对美好生活的追求。品格形成：能把课文中某个人物形象内化为自己的生活偶像，能把课文中的某个哲理内化为生活的准则，写作中能写出自己的独特感受和真切体验，能够根据作品中英雄人物的背景激发出崇高感、正义感与使命感。

四、语文教学目标研制与表述

语文教学目标的确定实际会受到三个方面因素的支配：一是课程标准和编者意图，二是教材内容本身，三是学生实际水平和接受能力。针对这三个方面的因素，语文课程教学目标的研制应包括把握课程标准、教学内容和分析学情等环节。

（一）把握课程标准和教学内容

教师把握课程标准和教学内容，是为了确定教学的目标。语文教师要研究和熟悉课程标准，要弄清楚语文课程的总目标与各个学段的目标，要以整体的观念去研究教科书，明确教科书的体系安排和单元目标，把具体的课文置于一个大的系统之中去研究，并结合学情明确具体的教学目标。为确定目标而钻研课文，应做到以下几点：一是认真把握现行课程标准的精神实质，明确三维目标的内涵，找出其与具体教学内容之间的联系；二是揭示教学内容中三维目标间的相互关系，挖掘教学内容中的智力因素和情感因素，确定教学目标的类型、内容和相应的学习水平；三是分析教学内容的特点、内在的逻辑关系、在教材中的地位和作用，确定重点目标和难点目标，把握目标间的隶属关系。

（二）分析学情

分析学情即分析学生，意在通过对学生学习准备状态的分析，把握学生的"最近发展区"。内容包括以下几点：

1.分析学生语文学习的准备状态

分析学生语文学习的准备状态主要是指对学生在开展新的语文学习活动前已有的

为该项学习活动做好的准备，内容包括已有的相关知识、对即将学习的内容的心理倾向等。教师可以通过诊断测验、作业批改和提问等方式来了解学生的准备状态，并采取相应的措施，确保学生具备开展新的语文学习活动必要的起点能力。

2. 预测学生语文学习未来发展水平

教师不但要关注学生当下的语文学习状况，还要还要结合课程标准和教学内容，看教学最终要达到的目标，即学生的"最近发展区"是什么，其和学生当下的语文学习水平之间的差距是什么，从而去判断教师需要教什么，学生需要学什么。也只有做到这点，才有可能为学生的语文学习出谋划策，提供积极的建议。

3. 了解学生的个性特征和学习风格

这是指教师要对学生的学习个性和学习风格及其对语文学习活动的影响，进行全面充分的了解，以便按照课程标准来确定教学目标要求，为不同状态和水平的学生提供最佳教学条件。同时，教师要经常主动与学生沟通交流，认真听取他们对教学工作的意见和建议，从心灵上读懂学生、贴近学生，以使教学目标制订得更具针对性和实效性。

五、中学语文教学目标研制的基本要求

在实际教学过程中，要想研制出合适的课堂教学目标，还需在研制过程中协调好几对既对立又统一的关系。

（一）系统性与独立性

系统性就是说语文教学目标应该形成一个有层次性、连续性的循序渐进的目标系列。语文教科书的教学目标按纵向从大到小分，依次是总目标、学段目标、年级目标、学期目标、单元目标和课文目标，这是一个完整的教学目标系列。确定课文目标，在从课文实际出发的同时，要把课文放到整个单元、全册以及整套书的大系统中考虑，以确保课文目标的层次性和连续性。一般来说，一个单元的各篇课文目标，都是在不同程度上体现单元目标的，或者全部体现，或者体现其中的某一方面。

所谓独立性就是说任何一个课题的教学目标，都是一个有相对独立性的整体，所制订的目标必须是针对该课题的具体内容而言。

所谓系统性和独立性的统一，就是说制订教学目标，要形成一个单元目标系列；制订系列中的任何一个单元目标，既要从这个单元的实际出发，又要瞻前顾后，考虑到它承前启后的关系。如果说整个单元目标系列是一个链条，那么某个单元就是这链条上的一个环。课文教学目标是总目标具体的体现，是最小的分解目标。课文目标也应该形成一个有层次性、连续性的循序渐进的系列。

（二）预设性与生成性

一方面，教学是有目的、有计划、有组织的活动，它的运行需要有一定的程序，预设目标是其内在的要求；另一方面，新课程倡导开放互动的教学，倡导学生自主参与，使课堂教学成了一个不断生成师生交往的过程，这其中必然会出现和教师预设的教学目标不一致甚至会出现相冲突的情况。这就要求教师尊重学生，灵活面对，珍惜课堂中即时生成的宝贵课程资源，及时果断地做出恰当的判断，对预设的教学目标做出调整和改变，促使教学朝着有利于提高学生语文素养的方向发展。

（三）确定性与模糊性

语文教学活动，无疑应该有一定的教学目标，要纳入一定的教学过程，采用一定的教学方法，否则整个教学活动就会失去方向，会处于盲目、随意、无序的状态。学校开设这门学科的目的，不是要学生去掌握一门知识，而是要他们能够习得一种行为，即会读、会写、会交际，同时受到人类文化的熏陶。因此，语文教学，尤其是阅读教学，有不少是属于感受性的。不仅情感陶冶、人格培养和审美教育要依靠感受，而且语言在很大程度上也需要感受。这些都无法进行确定的分析和判断，自然也没有确定的表征，这就使语文的一些教学目标带有模糊的特点。传统语文之所以强调"只能意会，不可言传"，与汉语的特点不无关系。再加上语文学科是一门人文学科，好多东西很难量化，自然也就不太容易用语言表达。但是，这种感受型的、体验型的目标不仅确实存在，而且由此而带来的意义和体验，还会存留于我们的经验之中。

（四）单一性与综合性

多目标即无目标。任何一种纳入教学体系的教学材料，都有自己服务于该体系的训练侧重点。从这点上讲，语文教学目标必须是单一的。所谓"一课一得"正是教学目标单一性的体现，它反映的是语文教学的重点。但语文教学目标的单一性与语文教学内容的综合性又是矛盾的。为了使二者和谐统一，就必须对教学内容进行认真研究，就其最主要内容提出教学目标。语文教学目标的综合性则指它的确立兼顾了目标的三个维度，是三维目标的综合体现。

（五）整体性与复现性

整体性是就整个语文学科而言的。新课程标准明确指出，语文学科的总目标是提高学生的语文素养。语文素养以前曾叫语文能力。语文能力看上去可分为听、说、读、写四种，但实际并不简单，四种能力之间是什么关系，四种能力的内部结构又怎样分解，这些都是很难回答的问题。对语文教学目标做一个大致的分解是可以的，系统的分解是不可行的，这就是它的整体性的体现。

但就一种文体或就一个单元甚至一篇课文的教学来说，语文教学目标又有复现性的特点，这是由语文学科的性质决定的。语文学科属于实践性学科，它必然会着眼于学生语文实践能力的形成，而培养这种实践能力的途径是通过学生在教师指导下的实践和操作。在这个过程中其"运动量"必然大大超过"发展量"呈螺旋式发展。这是一切认识活动和实践训练都必须遵循的原则，我国"多读多写"的传统有复现性。所以，确定能力训练目标，既要注意前后的衔接，又要重视必要的反复。

六、中学语文教学目标的表述

（一）中学语文教学目标表述的方法

教学目标表述的方法是教学目标设计中技术性很强的工作，许多教育心理学都家致力于这方面的研究，并提出了种种教学目标表述方法，其中影响较大的有以下三种表述方式：

1. 认知观的表述方法

认知观表述的方法主要是通过内部心理过程来描述教学目标，通常使用表示内部心理过程的动词，如"理解""掌握""欣赏""领会"等。这种方法有助于对教学目标进行概括，但是缺乏量与质的规定性，以此作为衡量教学质量的标准是比较困难的。但是，当有些心理过程无法行为化时，使用这种描述心理过程的术语也就不可避免。

2. 行为观的表述方法

行为观的表述方法就是指用可观察、可测量的外显动作行为来描述教学目标，其中最具代表性的就是 ABCD 目标陈述法。这种方法之所以叫作"ABCD 法"，是因为它包含了四个要素：教学对象（Audience）、行为（Behavior）、条件（Condition）和标准（Degree），而它们的英文单词的第一个字母正好是 A、B、C、D，所以简称"ABCD 法"。

使用这种方法进行教学目标的编写，一要明确教学对象；二要说明教学对象在学习活动结束后应达到什么样的学习标准，这种描述要求具有可观察性的特点；三要说明教学对象在什么样的情境下完成所规定的行为，它既说明了学生在什么样的情景中完成规定的行为，又说明了应该在什么样的情况下评价学生的学习结果，条件一般包括环境、设备、时间、信息以及同学或老师等有关人的因素；四要对行为的标准做出具体的描述，标准可以用定量的方法表示，也可以用定性的方法、定性定量相结合的方法表示。

采用 ABCD 法设计教学目标可以使目标的表述做到具体、明确，便于操作、利于指导和评价教学。由于它只强调学生的学习结果，只重视学生外在行为的变化，不能反映学生内部因素的变化，因此这种方法比较适用于描述认知领域和技能领域方面的目标。

3. 内外结合表述法

教育心理学家格朗伦在《课堂教学目标的陈述》一书中，提出了先用表述内部过程的术语陈述教学目标，然后再用可观察的行为做例子，使这个目标具体化，这就是用内部过程和外显行为相结合来设计教学目标的方法，即内外结合表述法。

这种内外结合的方法是通过对学生外在行为变化的观测，反映了学生内部因素的变化，因此特别适合描述情感能力领域的教学目标。

以上几种方法既是教学目标设计的一般方法，也可看作是教学目标设计的指导思想，教师应在领会其精神、掌握其步骤的基础灵活运用。

（二）中学语文教学目标表述的标准

1. 行为主体应是学生

判断教学效益的直接依据是学生有无具体的进步，而不是教师是否完成任务。因此，教学目标陈述必须从学生的角度出发，行为主体必须是学生。尽管有时行为主体（学生）没有出现，但也必须是隐含着的。教学目标不应该陈述教师做什么，应陈述通过教学后学生会做什么或会说什么。

2. 行为动词尽可能是可测量、可评价、可理解的

课程标准列举了一系列的行为动词，来分别描述课程与教学的结果性目标和体验性目标，这些行为动词表现了不同层次的学习结果。教师要根据课程标准对不同教材内容应达到的要求，来选择恰当的行为动词明确地表述应达到何种结果，以加强教学设计的可操作性和教学质量的可测度性。教学目标的陈述应力求明确、具体，可以观察和测量。如写出、背出、列出、选出、认出、辨别、比较、解决设计、对比等。不同的学习内容，所采用的行为动词要有区别。比如符号、事实类知识的学习所要采用的教学目标中的动词一般可以是"说明""描述""背诵""解释"等。

3. 教学目标的陈述反映学习结果的层次性

认知领域的教学目标一般包括反映记忆、理解与运用（包括简单运用与综合运用）三个层次。在态度领域的目标应尽可能反映接受、反应和评价三个层次。

4. 附上产生目标指向结果的行为条件

行为条件是影响学生产生学习结果的特定的限制或范围，为评价提供参照的依据，描述行为发生通过的媒体、限定的时间、提供的信息。如"通过听说交流""通过默读课文""根据所给的材料"。

5. 要有具体的表现程度

表现程度是指学生学习之后预期达到的最低表现水准，用以评价学习表现或学习结果所达到的程度。比如，"能运用学过的病句修改知识，改正作文中的语病"等。

6. "三维"目标的表述要有机结合

"知识与能力""过程与方法""情感态度与价值观"这三维目标之间不是截然分开的，而是有机融合的。在掌握知识形成技能的同时，过程与方法也有参与，在诵读品味中有情感的融入。因此，"三维"目标的陈述应有机结合，不宜分开并列陈述。

第二节　语文教学内容的选择策略

一篇课文蕴含着丰富的语文教学元素，可是一节课到底教什么才是最必需的、最重要的，或者说是最适合的？这必须通过教师的专业选择，体现出教师对课堂的主动权。从某种程度上说，教什么比怎么教更重要。语文教学内容的选择是一门学问，它不仅是一个实践操作层面的问题，而且还需要有一定的学理作为支撑。

一、学情至上——关注学生的需要

在语文教学内容选择的过程中，我们也要坚持学情至上的原则。如果没有对学生学习状态的充分了解，没有学生在教学过程中的主动参与，没有学生的收获，任何教学设计都是徒劳的，都会沦为教师自顾自得的一场表演。

考虑学生的需要，不是嘴上说说而已，而是要落实到一种量化的测算中，可以通过诊断性测试问卷调查、作业记录、课堂观察等方法来对这一单元进行预测，这一篇课文哪些是应该教的，哪些是不需要教的；哪些是学生已经知道的，哪些又是可以通过学生的自学及合作学习就能解决的问题。通过分析，教师要把这一篇课文中需要知道的、应该学习的内容找出来，即这一篇文章独有的、其他文章没有的、无法通过替代性选文解决的问题。

如何让一篇有影响力的名篇沦为一篇普通的学习材料呢？答案就是不加拣择地"眉毛胡子一把抓"。拿到一篇课文，先划分部分、讲部分大意、讲思想感情，这种是我们早已司空见惯的讲授方法。或许不会影响中学语文的成绩，却会大大磨损学生对语文课的兴趣。所以，教师手里拿到一篇文章，首先一定要思考的就是，到底哪些要讲，哪些不要讲。

二、对话编者——尊重教材选编者的意图

只有尊重教材选编者的意图，才能更好地使用教材，让教材发挥最大的功能和效果。现在教材编写者的队伍层次越来越高，水平也越来越强。如果能很好地读懂教材编选者的想法，对提高教材的使用功效也是非常有益的。

从 2017 年秋季开始，全国中小学开始使用部编版的语文教材，相关部门要对教师进行一系列的培训，培训什么？其中很重要的内容就是要了解教材编选者的编选意图。温儒敏教授作为这套书的主编，就发表过很多文章并在多种场合谈过这套"部编版"语文教材该如何使用，教师如果仔细研读一定会有很多收获的。

"部编版"的语文教材如何体现知识体系和能力点？有五个"渠道"。第一，教师用书。该书会给大家排列一个表，每个学段单元，甚至每一课要学习哪些基本的知识，进行哪些必要的训练，都一目了然。第二，每个单元的导语对本单元学习的重点，包括知识点或能力点，亦有提示。第三，在每一课的思考题和拓展题中，必定会有一两道题是按照相关的知识点或者能力点来设计的。第四，综合性学习、写作、名著选读等方面，全都有学习方法或者训练目标等提示，有的还比较具体。第五，初中每个单元都有一两块"补白"，努力联系课文和教学实际，用比较浅易和生动的语言来介绍语法修辞等语文知识。教师使用"部编版"教材，要注意这五个"渠道"所体现的语文知识体系，并落实到具体的教学中。如果教师了解了编选者的教学建议，在使用"部编版"教材时，注意这五个"渠道"所体现的语文知识体系，就可以逐步落实到具体的教学中，起到事半功倍的效果。

三、回归文本——深入挖掘作者的创作意图

作品是由作者与读者共同创造的，但文本是作者创作的，对于教学内容的确定是不能脱离作者的写作心境，任何人的写作都不会是无目的的写作，都是带有极强的情感色彩，借助语言文字向读者传递目标信息（事件或情意）。所以，教学内容的确定需要出自文本并高于文本，但不能脱离文本。出自文本是对作者传递的目标信息的尊重，高于文本是为了实现语文的教学价值，服务于教学目标。

如《背影》一文的字面意思是作者借叙事抒写父亲对儿子的关爱，但透过文字表层的含义，从文中作者反复写到的"唉，我现在想想，那时真是太聪明了"，可知作者更想表达的是多年来郁结于心中的对父亲当年"处事"的不理解，这是读者应当尊重的文本传递出的目的信息，属于"出自文本"；作者借助"背影"这一独特视角将自己多年来的歉疚之情传递给父亲，借此化解了父子多年隔阂的处理问题的方式，属

于"高于文本"。

《背影》一文发表于1925年。作者创作这篇文章的意图并非如当年《中学生》杂志上说的那样："我写《背影》就因为文中所引的父亲的来信那句话。当时读了父亲的信，真是泪如泉涌。我《背影》里所叙述的那一回，想起来与在眼前一般无二。我这篇文只是写实……"这是作者公之于众的《背影》一文的原生价值。朱自清写这篇文章还有一个鲜为人知的原因也是此文真正的价值所在。《背影》一文发表的两年前，朱自清与其父小坡公因家庭琐事引发冲突，又因《笑的历史》中的语言，更加触怒其父，为息父亲之怒，缓和父子的感情，化解父子的矛盾，朱自清一直希望找到一种恰当的方式，一方面能表达自己对父亲的感激与深爱，一方面又能使父亲忘却生活中的不愉快而原谅自己的年少无知，同时还能接纳自己的道歉，以此化解父亲心中多年的郁结之气。就是在这种长期怀揣内疚心境的情形下，当朱自清阅读父亲信中之语时，被父亲信中言语所动，含泪写下了《背影》。

四、整体建构——考虑所在单元的教学目标

我们要知道，同一篇课文，分布在不同的单元里，其教学目标的设置是有很大差别的。根据教学目标，才能确定教学内容。其实每一篇文本要讲的、可讲的内容特别多，如果每一课各自为政，虽然课堂可能也会很丰富，但是长此以往不利于对学生整体知识的建构。因为，每一套教材都有每一套教材的教学方法，每一个单元都有每一个单元的设计意图。

《再别康桥》这一课放在《人教版高中语文必修一》和放在《语文九年级下册》，其单元的目标要求就相差很多。人教版必修一："这个单元主要学习现代新诗。新诗是五四运动前后才出现的。新诗的'新'，是相对古典诗歌而言，'新'在用白话写诗，摆脱古典诗词严整格律的束缚，是比较适合表达现代人的思想感情。新诗继承了古典诗词的优良传统，但为了探求适合现代生活的表现形式，诗人更多的是目光向外，不断接受外来影响并努力融化在民族风格中。五四运动之后对外国诗的大量翻译和介绍，促进了中国新诗的发展。这里选录毛泽东的一首词，正好可以与新诗进行比照。新诗可以陶冶性情，可以学习用精练的语言和新颖的意象来表达情意。鉴赏诗歌在反复朗读的基础上，着重分析意象，同时品味语言，发挥想象，感受充溢于作品的真情。诗歌与青年有天然的联系，少男少女喜欢用诗的语言来表达丰富的情感。有兴趣的话，不妨动动笔，学习写写新诗。"从这个单元提示中，我们可以明显感到，本单元的目标是指向现代新诗，重点在于新诗的语言、意象与情感熏陶，并提倡学生试写新诗。再看一下《语文九年级下册》的单元提示："本单元的几首诗，题材多样，风格各异。毛泽东的《词两首》展示了一代伟人远大的理想和宽广的胸襟；《再别康桥》抒写了

诗人对康桥的无限眷恋；《这是四点零八分的北京》凝固了诗人在特定时刻的强烈感受；《外国诗两首》表达了诗人对人生的理性思考。学习这几首诗要在反复诵读中，体会诗歌充沛的感情、优美的意境、凝练的语言，领悟诗歌中蕴含的深刻哲理。"语文版的这一单元，每一课的教学目标比较明确，并且对情感、态度、价值观这一维度都有所倾向。《再别康桥》这课主要指向让学生体会诗人对康桥的无限眷恋。

教师在选择教学内容的时候一定要注意到单元提示，根据单元提示的重点和方向确定教学目标，有了教学目标之后教学内容的确定就有所依据了。

五、融入个性——观照教师的人格和学养

课堂教学的主导者是教师，教学设计一定是带有个人色彩的东西，其间渗透的是教师的人格和学养。作为语文教师，不要害怕课堂沾染上自己的主观色彩，也许这种主观色彩正是语文教师课堂魅力的来源。换句话说，教师在进行教学内容的选择时，要考虑到自己的学养、年龄、阅历能否将自己选择的内容驾驭好。比如，一位刚刚毕业的中学老师，在阐释亲情、母爱时可能就不如一位中年老师得心应手，但阐释一些比较活泼的内容时却可能驾轻就熟。所以，教师应该发挥好自己的优势和长处，同时也要不断充实自己的学养。

比如，有一位老师擅长音乐，很会谱曲。她就把这个优势发挥到语文教学中，她将课本中的古代诗词，全部谱曲演唱。中国古代的诗歌确实就是吟唱的，她的这种教学方式极大地调动了学生的积极性，学生都非常盼望上她的语文课，每次课后学生回家都会欢乐地唱着今天学的古诗词。古诗词的学习就变得十分有趣，令人向往。像这样融入教师个性与特长的语文课，就是独特的、值得大力提倡的。

第三节　语文课堂教学环节的设计策略

在对教学内容进行选择和确定之后，就要开始具体的课堂教学环节的设计了，如果对课堂环节进行细分会有很多种，下面只对几个主要教学环节的设计来加以说明。

一、教学目标的设计

教学目标是整个课堂教学的出发点和落脚点，是课堂教学的核心所在，它指导和制约着整个的教学活动，对课堂教学起着统领性的作用，至关重要。实践结果证明，

要想有收效良好的课堂教学，就必须以有效的教学目标统领。然而，在现实的语文教学中，经常出现教学目标设定随意模糊，以至于难以转化为具体的教学实践，阻碍了课堂教学的顺利开展。那么，究竟怎样设定有效的教学目标呢？

（一）教学目标的设定要依据课程标准

在实际教学中，课程标准通常被教师遗忘。教师习惯翻阅教材、教参，却忘了这一切设计的纲领性的文件是课程标准。语文教学，首先就应该是依据语文课程标准的教学。

在进行语文教学时，教师要善于对课程标准进行解构。比如，《普通初中语文课程标准（实验）》对课程的"阅读与鉴赏"部分做出了要求，如"充实精神生活、完善自我人格、加深思考和认识""发展独立的阅读能力""注重个性化阅读""积极的鉴赏态度"等。对这些要求有了一个总体性的认识之后，便要试着在一定的文本具体情境之下将这些要求拆解为多个教学目标，这样教学目标方能更加合理。

在进行教学时，我们通常将教学目标表述为"三维目标"，分别是知识与技能、过程与方法、情感态度与价值观。要注意的是，这"三维目标"并非三个单独的目标，而是一个整体，三个方面互相联系，融为一体。一位教师将《我的叔叔于勒》一课的教学目标设定如下：

1. 知识与技能

第一，理解、积累"拮据""阔绰""煞白""诧异""与日俱增""十拿九稳"等词语。

第二，品析人物形象，学习绘形写神，深入细致地刻画人物的方法。

2. 过程与方法

第一，把握小说的情节构思，培养学生的创造性思维。

第二，品析小说的语言，提高实际的语言运用能力。

3. 情感态度价值观

认识资本主义社会人与人之间赤裸裸的金钱关系。

乍一看《我的叔叔于勒》一课的教学目标很好地体现了新课程的"三维目标"。若是认真思考一下，你就会发现问题。教学目标以分条的形式呈现了"三维目标"的不同维度，也反映了老师是将"三维目标"理解为"三个目标"的认识，这在教师中间是一种普遍的认识。

从语文学习的角度来讲，这三个维度是一个整体，是不可能如此清晰地区分出来的。情感态度和价值观只有在知识和技能的学习之后才能被感受和感悟出来；而知识能力情感态度价值观的内化，又要经历一个主体自我体验、自我建构的过程。这三者是水乳交融的关系，正所谓你中有我、我中有你。

在实际的语文教学中，经常会有这样的情况：教师在课堂上说"今天我们来完成情感目标"，诸如此类的话，是不符合教学规律的。"三维目标"的完成，应当是浑然一体的。而且，对于每一堂具体的语文课来说，也不是所有的维度都要落实、都能落实的。

（二）教学目标的设定要有层次性、连续性

要把课文放在整个单元、整册书中去考虑，此处不再描述。这样进行教学目标的设定，能保证层次性和连续性。其中，最重要的是对单元目标的理解。单元目标在教学中起着承上启下的作用，拆分总的教学目标和课程标准的目标，必须在单元的教学目标中才能得到具体落实。语文教材中有写景抒情散文的单元，它承接《必修一》中叙事散文单元的阅读，又为《必修五》中议论性散文的阅读打基础、做铺垫。如果从整个单元来看，这单元写最抒情的散文，教学重点是"在整体把握散文思想内容和艺术形式的基础上，品味散文语言，赏析散文的表现手法"。

（三）教学目标的设定要凸显文本的核心价值

不同文体的阅读方法是不同的，阅读教学就是要凸显文本的核心价值。如果不能抓住文本的最精要之处、独特之处，而是让语文课堂千篇一律，那就是在白费力气。

下面我们来看某位教师对《再别康桥》一课教学目标的设定。第一，了解诗歌所具有的绘画美、音乐美和建筑美。第二，要初步掌握赏析新诗的方法。第三，激发学生对新诗的阅读兴趣。

看到这个教学目标，我们马上就能感受到，本课的教学着眼点几乎都放在新诗的欣赏及对"三美"主张的分析上，这样设置教学目标合理吗？如果我们只看教学目标，就能推断出这一课是《再别康桥》的教学目标吗？

新诗是与古诗相对的，它可以自由地表情达意，表现领域大为扩展；但也由于使用散文化的白话句式，使诗歌与散文的界限变得模糊，具有情感表达过于直白，缺少"回味和余香"、缺少音韵美等缺点。而音乐美、绘画美和建筑美也只是新月派众多主张中的一种，就是新月派也只是新诗众多流派中的一派，除此还有象征派、现代派、七月派、九叶派、共产主义诗歌流派等。如果把"三美"当作所有新诗的鉴赏方法，那未免以偏概全。《再别康桥》一诗，只是新诗格律化探索比较成功的代表，不能因为这一首诗就认为整个新诗都要遵循"三美"的主张。

本诗的教学目标应该放在把握诗歌的意象，并由此来感悟诗歌的意境，领悟徐志摩对康桥的深厚情感以及抒发情感的恰当方式上。至于新月派诗歌的"三美"主张，

可以成为本文的教学目标，但不能作为重点目标、核心目标。

由此，我们在教学目标的设计上，既要抓住诗歌教学的特点，又要着眼于三个维度，将《再别康桥》一课的教学目标设定为以下几点可能更为合适：第一，学会调整声音，有变化、有感情地朗读本诗。第二，把握诗歌的意象，并由此来感悟诗歌的意境。第三，了解新月派诗歌的"三美"主张。第四，体会诗人对康桥深沉的热爱与依恋之情。

（四）教学目标的设定要符合学生的实际水平

教学目标的设计要恰当，所谓"恰当"体现在目标既不拔高，也不降低，与学生的年龄水准、认知水平、实际能力相符合。《义务教育语文课程标准（2011年版）》和《普通高中语文课程标准》是建立在对学生个性充分尊重的基础上的，故而教师在进行教学时，也要最大限度地尊重个体的发展，本着"以人为本"的理念，教师眼中要有"人"，把学生放在主体地位来进行考虑，将他们的能力和兴趣纳入自己的思考范围，使学生更好地参与到教学中来。教师要考虑教学目标既要符合大多数学生的情况，又要兼顾到个体的差别，所以教学目标的制定还是要有一定的层次性和区分度。

就像有的老师教两个班级，由于学生的学习程度和水平不同，老师就要制订两套教学设计，当然也要设计两套教学目标。分层次教学，是一种相对合理的教学。

（五）教学目标的设定要具体、有针对性

笼统、抽象、空泛是语文教学目标设定的老问题，每一篇课文都蕴含着丰富的语文教学元素，毫不夸张地说，课文中的任何一个点都是教学点，这就给教师设定教学目标带来了一定的难度。

例如，一位教师将《陈情表》课的教学目标设置如下：第一，积累文言词语。第二，声情并茂地背诵课文。第三，品味真诚恳切的情感。

这样的目标设置就显得大而空泛，并且缺少针对性。这样的教学目标可以适用于好多课文。积累文言词语，哪一篇文言文不需要积累词语呢？好的文章不都需要背诵吗？品味真诚恳切的情感，又有哪一篇课文的情感不真诚恳切呢？具体积累什么词语，品味什么感情，在这一点上一定要做到详细而有针对性。《陈情表》一课的目标应该设定在：理解所陈之情，欣赏陈情艺术。这才是这篇文章最具体而有针对性的目标，也是本文的最大价值。

二、教学导语的设计

教学导语，是教师在课前为组织教学而精心设计，在授课伊始使用，用以对学生进行激励、感染、启发、诱导的教学语言。虽然教学导语的语言数量不多，也不是主

要的教学内容，但是教学导语的地位仍然不容忽视。教师要上好一堂课，就必须设计好教学导语。理想中的课堂导语，是有很多种功能的，它可以营造气氛、激发学生的兴趣、启迪学生的智慧、带领学生"温故知新"，巧妙地开展教学。

当前的语文教学中，教学导语的设计通常存在以下问题：其一，陈旧僵化，不能吸引学生的兴趣。甚至有的老师干脆省略导语，一味简单地指示学生"把书翻到某某页""我们学习某某课"，久而久之学生会觉得索然无味。其二，盲目引导，指向不准。教师和学生都"一头雾水"，教师对教学目标心中没数，引导缺乏逻辑。其三，节外生枝，导语设计得太过冗长拖沓。导语仅仅是个引子，以精当为佳。有些老师天马行空，不着边际，不仅不会起到引领学生走进文本的作用，相反可能会变成教学的干扰信息。其四，教师独唱，喧宾夺主。教师海阔天空、滔滔不绝，极尽渲染，塞给导语诸多不堪承载的功能，无形中也漠视了学生主体的存在。

教学导语，其作用是导入。所谓"导入"，就要"导"加"入"，设置教学导语的终极目的，就是要"引导学生走入课文"，这将成为我们判断教学导语是否合乎标准的根据。所以，我们在设计导语的时候，一定要考虑是不是有利于激发学生的学习兴趣，是不是有利于与文本内容高度衔接。教学导语的设计策略具体包括以下几点：

（一）激疑设问，启发思考

恰当的提问，可以有效催化学生的思维。抓住时机，适时地抛出问题可以让学生的状态迅速活跃起来。

《孔乙己》导语设计：凡读过鲁迅小说的人，几乎没有不知道《孔乙己》的。鲁迅先生自己也说过，在他创作的短篇小说中，最喜欢《孔乙己》。鲁迅先生为什么喜欢《孔乙己》呢？孔乙己是怎样的艺术形象？过去有人说：古希腊索福克勒斯的悲剧是命运的悲剧，莎士比亚的悲剧是主人公性格的悲剧，易卜生的悲剧是社会问题的悲剧，从某种意义上讲，这都是有道理的。那么，孔乙己的悲剧是什么样的悲剧呢？悲剧，通常会催人泪下，然而读了孔乙己的悲剧，眼泪通常向肚里流，心里有隐隐作痛之感，这又是为什么呢？我们还是来读一读这篇小说吧，读过以后，我们会得到正确的解答。

这样的导语，除了可以让学生的思维迅速活跃，还可以设置悬念，引起学生的兴趣，真可谓一举两得。

（二）释题入课，由点及面

文题是课文的眼睛，从解析题目入手导入新课，简洁而实用，既可直入正题，又可拎起全文。这种方法尤其适用于那些文题含蓄蕴藉的作品。

《梦游天姥吟留别》的导语设计：梦游，就是梦中游历，作者并没有真的去过。

全篇分别写了梦前、梦中、梦后三个层次。天姥山位于浙江省新昌县境内，最高峰海拔 818 米。它是以佛教文化、唐诗文化、茶道文化和山水文化为内涵，以石窟造像、丹霞地貌、火山岩石地貌为特色，融人了文景观与自然山水为一体。吟是中国古典诗词的一种名称。留别和送别相对，李白写诗留给送别的朋友。在这个题目中，梦游天姥是写作内容，留别是写作原因。从文题入手，可以强化学生对文章内容的理解和把握。

（三）营造气氛，激发情感

对于一些抒情色彩浓烈的散文来说，最适宜的教学方法其实是"以情解情"。教师在观察学生的同时，要渲染情感去打动学生。要注意的是，这种气氛营造最忌讳变成教师的个人展示，要注意与学生的交流。

如在学习教授《故都的秋》一课时可以这样导入：我们知道，一年四季，春夏秋冬，秋以其特有的魅力吸引了无数的文人墨客。古往今来，咏秋的佳作实在太多太多，人们写秋的着眼点也各不相同。秋风萧瑟，残荷听雨，秋有声；霜叶黄花，秋草碧水，秋有色；天高云淡，北雁南飞，秋有形。但大体而言，古人多哀秋、怨秋，今人多喜秋颂秋。现代作家郁达夫也颂秋，而面对这么多的精彩，他会怎样独具匠心，另辟蹊径，才会不落窠臼呢？今天这一节课，我们就共同来赏析郁达夫的著名散文《故都的秋》。

满满的情感，浓浓的秋味，相信学生在上课伊始就会被这份情绪感染，而心甘情愿地走进这别样的秋色。

（四）引经据典，提升格调

教师在导语中融入经典的诗词时，可以有效地提升语文课堂的人文情怀和格调。让学生浸润在那些或清丽或浓艳的笔墨之中，不仅能激发他们对课文的探究兴趣，久而久之，还能提升他们的人文素养，增强课堂的艺术魅力。教师在选择这些诗文词句时，要注意选择适宜该学段学生接受的诗词来教学，也可以选择一些名人名言、俗语和警句来教学。

从这一方面来看，在教授《故都的秋》一课时也可以这样导入：秋，是一个丰收的季节，是一个成熟的季节，也是四季中意蕴最丰富的季节，不管是文人墨客，还是"引车卖浆之流"，都可以把自己的满心欢喜、一腔离愁，寄诸秋色；秋是"轻寒可人天"的惬意，秋是"我言秋日胜春朝"的昂扬，秋是"长风万里送秋雁，对此可以酣高楼"的畅快，秋是"悲哉，秋之为气也"的伤感，也有"天凉好个秋"的无奈……秋，载得动所有人的任何情感！那我们今天来看一看郁达夫笔下的秋是如何的呢？寄寓了作者什么样的情感呢？

这样美的导语，大概只有诗词可以赋予了。

（五）结合生活，因势利导

语文学习的外延，就是生活的外延。从生活的小事导入，结合自己的教学思路，来捕捉生活中可以成为教学内容的资源，让学生从熟悉的生活入手去学习，一定会收到良好的效果。

如在教授《扁鹊见蔡桓公》一课时的导语可以为：最近一些同学身体不适，患些小病，总不愿去医院，一"挺"再"挺"，直至病情严重，高烧不止，才去医院。现在我们来看一下古代有位叫蔡桓公的国君，由于怕看病，也是一拖再拖，那结果怎么样呢？今天我们就来一起学习这篇课文《扁鹊见蔡桓公》。

这样的导入语联系实际，总会收获意想不到的惊喜。

（六）复习所学，温故知新

教师在设计教学导语时要"温故知新"，重点在通过"故"引向"新"。联系新旧课文的"媒介"点，这个点可能是文体的特点，也可能是文章内容的某一方面。新旧课文的相同之处，会让学生对新课文迅速熟悉起来，同时也能很好地对学过的内容进行复习和巩固。

如在教授《逍遥游》一课时可以这样导入：通过前两课时对文中"三笑"和"小大之辩"的讨论，我们认识到了文中所有"小"与"大"的举例都具有局限性，文中所提及的物和人达不到庄子"逍遥无待"的境界，它们在笑（低于已）人之时也为（高于已）人所笑。既然万物皆有所待，那怎样才能逍遥游呢？这节课我们来交流探讨有关"逍遥"的话题。

（七）互动讨论，预热课堂

讨论法是指在上课刚开始，学生还保持着比较高的热情且精力比较集中的时候，向学生抛出一个或几个问题，来组织学生进行自由讨论。之后，教师进行总结，引出新课。这种课前讨论不仅能让课堂的氛围热烈起来，而且，当学生自主参与到课堂中时，他们继续学习和探究的愿望、意识也会越来越强。要注意的是自由讨论的时间不可过长，所以教师一定要掌握主动权，把握好课堂节奏。

（八）抓住重心，讲明要点

导入课文时，也可言简意赅，直接提示了学生本节课的中心内容是什么，方便学生有一个大致的把握。这种直接的提示方法在课堂教学中很常见。

如在教授《落日的幻觉》一课时可以这样导入：黄天祥先生的《落日的幻觉》是一篇事理说明文，也是一篇科普说明文。何以如此说，我们今天重点来弄清楚。这堂课的主要学习目标是掌握本文的说明内容、顺序、方法、语言品析的一般方法等，激发探索精神。当然，我们还将期待一些意想不到的收获！

这样的导入语简洁明了，很适宜一些说明文、议论文。

（九）故事开头，娓娓道来

以"小故事"导入，能够充分唤醒学生的好奇心。可以联系时事背景、作家逸事、民间故事等来介绍。这些小故事的选择是有讲究的，不能太诙谐，也不能离题太远。

比如，《人生的境界》一课的导语可以这样设置。有一记者前往某山区，碰到一个放羊娃，记者和放羊娃有了一段对话。记者问："你放羊为的是什么？"放羊娃答："卖钱。"记者问："卖了钱干什么？"放羊娃答："娶媳妇。"记者又问："娶了媳妇呢？"放羊娃答："生娃。"记者问："有了娃呢？"放羊娃答："放羊。"记者默然。

同学们，这就是放羊娃的一生，因为没有过高的追求，所以他会觉得很快乐。但是，人生除了娶妻、生子、放羊挣钱之外，是不是还应该有一些其他的呢？人怎么活都是一生，为什么不让自己的生命除了生存之外再丰富和有意义一些呢？今天我们就来学习这篇课文《人生的境界》，来领略不一样的人生。

三、教学提问的设计

在实际的教学活动中，"教学提问"是师生互动的重要方式之一，是教师了解学生情况的重要手段。但是，提的问题通常层次浅、没水平，会导致课堂教学的低效甚至无效。具体表现为：教师所提问题没有精心设计，通常比较随意，要么太难，要么太简单，太难的学生不会答，太容易的学生又不屑于回答；问题设计缺少梯度，忽视了学生的差异性，这样就造成特别优秀的学生和程度比较差的学生在课堂上无所适从，要么吃不饱，要么没法消化；有时候教师的问题设置比例搭配也不合理。

大部分教师课堂上提问多以识记性的低水平问题为主，提问的目的主要是为了检查学生对知识的掌握和对文本内容的理解，而缺少真正让学生思考的理解性提高的问题；有的时候教师对问题表述不清晰，教师表述的时候是从自己的角度出发，但是学生却通常不明所以，摸不着头脑；还有的时候老师留给学生思考的时间太少，学生还来不及做出反应，教师的回答就蹦出来了；有时还会出现提问对象的结构不合理，学生的参与度比较低，很多老师喜欢提问成绩比较好的学生，让他们为所有人做出示范；有的时候还缺少有效的反馈和评价，答了和没答没什么区别。缺少教师对问题的深入理解和思考，学生的思维得不到提升。长此以往，提问效率降低，起不到应该起的作用。想要实现高效提问，让教学提问发挥应有的作用，应该注意以下几个方面：

（一）时机上——相机而动

对于教师的提问，要把握准时机，如果时机找到了，效果会更明显。例如，引入导语前后、读课文前、读课文后、教学重难点处、学生的思考无法顺利进行之时、学生的注意力分散的时候、课堂气氛开始沉闷的时候。教师还要能根据学生心理状况、学习状态和文本的内容来选择恰当的提问时机。在不同的时间点上提出的问题也要有所考虑，刚刚上课之时，要提问一些难度比较低的记忆知识来巩固学生的记忆，唤醒他们的学习状态；在学生正酣畅地思考之时，就要抛出一些分析性的问题让他们"趁热打铁"，提升逻辑思维的能力；当学生的注意力不太集中，临近下课之时，教师可以拿出他们兴趣点高的话题，甚至可以拿出一些与课程内容离得比较远的延展性话题让他们去思考和讨论。

（二）内容上——难易合理

现在的教学采用班级授课制，老师大部分时间和精力肯定是照顾课堂的大多数。但是两头的学生，也要有所考虑。这就要求教师在课堂上的提问要有难易程度的区分，让一些高水平的学生可以再向上拔一拔，让一些程度低的学生也有成就感。所以，教师课堂的提问既要有读课文、认生字、背词语这样识记型的问题，又要有辨是非、拓思维、引想象这样的高难度的问题。

（三）方式上——灵活多样

提问不只是教师有什么问什么，然后站在讲台上用期盼的眼神渴望学生的正确答案，提问的方式多种多样，通过变换提问方式，吸引学生注意力，调节课堂情绪，让学生们更愿意思考。提问有直问、曲问、追问、逆问、比较式提问、连问、谬问、插问、明知故问、话题式提问、散点式提问、总分式提问、启发式提问、情境式提问等。教师要选用灵活多样的提问方式进行提问，使学生更好地参与到教学活动当中，提升课堂的"互动性"，提高课堂效率。

（四）表达上——清晰明了

课堂教学提问，不仅要把问题设置好，而且教师还要表达好，否则再好的问题也达不到效果。教师在表达的时候要做到清晰准确、言简意赅，有的时候老师就一个问题反复说，而每重复一遍，问题都或多或少地有所不同。学生就一直迷茫地看着老师，不知道老师到底想问什么。老师在提问的时候，语速也要适度，不能太快也不能太慢。太慢了，容易打乱课堂的节奏；太快了，学生又没有记忆和思考的时间。有教师经过实验表明：如果教师用抑扬顿挫的语调、挑战的语气提出问题，学生参与学习的兴趣显然比那些以平淡的、平铺直叙的、毫无感情色彩的语气提出问题要高很多。

（五）范围上——指向全体

很多语文课堂的提问，教师都会对准那些语文成绩好的学生，因为正确答案只能从他们嘴里"撬出来"。但是，在一个班级里，怎么可能都是拔尖的好学生。那些学习一般的，甚至有些吃力的学生更需要老师的帮助。要让所有学生都有被提问的可能，要让他们的心中有所"戒备"，这样学生在课上才会集中精力，紧跟老师的思路。教师尤其要关注那些有点会还不太会，想举手还不太敢的学生，要多鼓励他们积极参与到课堂中来，还有一些坐在角落里的学生，也要给他们均等的机会，让他们主动开口。

（六）节奏上——留足时间

在实际的语文教学过程中，教师似乎特别害怕课堂陷入沉默。为了避免课堂空白，在教师提问后，留给学生思考的时间通常太少。尤其是在一些公开课之中，教师特意让课堂"热热闹闹"。教师不要咄咄逼人，要给学生留下足够思考的时间和空间。思考需要的时间通常以中等生的思维水平为准，时间太长容易造成学生的思维涣散，时间太短不利于学生语言组织能力和思维能力的提升。可能只是几秒钟的差别，就会收到不同的效果。

（七）评价上——恰切到位

教学提问的过程不是要求学生给出标准答案的过程，而是思考的过程。既然是思考，就必定要让学生有所收获。教师的教学评价对于提高问题的有效性至关重要。首先，教师要仔细聆听学生的回答，抓住其中的关键点来进行有效的评价。对于回答得不够准确的学生，可尝试把大问题分解为小问题，逐个提问，由浅入深；对于回答准确的学生，也不可就此了结不理，应该继续向更深处引导，培养其思维的深刻性。这里我们还要强调一点，就是不仅老师自己要会提问，而且还要努力培养学生的问题意识。

现在的很多课堂是"去问题"课堂，老师问学生还有没有问题，当听到学生说没有问题了，老师会很满意。老师以为没有问题了，就是教得好、学得好。问题意识薄弱的主要表现是"四不"：不敢问，不愿问，不会问，不能问。西方哲学史上有一个著名的故事：在剑桥大学，维特根斯坦是大哲学家穆尔的学生。有一天，大哲学家罗素问穆尔："谁是你最好的学生？"穆尔毫不犹豫地回答："维特根斯坦。""为什么？""因为在我的所有的学生中，只有他一个人在听我的课时，老是流露出迷茫的神色，老是一大堆问题。"后来维特根斯坦的名气超过了罗素。有一天有人问维特根斯坦："罗素为什么落伍了？"他回答说："因为他没有问题了。"美国著名学者布鲁巴克也很精辟地指出："最精湛的教学艺术，遵循的最高准则就是让学生自己提问题。"

有时没有问题，不是表明学生都学会了，都懂了，而是意味着他们已经不再继续思考了。要培养学生的问题意识，还要做好以下几点：首先，要营造一种真诚的、热烈民主的、和谐的课堂氛围，让学生有质疑的勇气。要允许学生犯错误，要允许不同的声音出现。其次，教师要教会学生质疑的方法，正如"授人以鱼，不如授人以渔"，教师要现身说法，告诉学生应该从哪些地方着手提问，如文体的特点、新旧知识相同之处、教学的重难点之处等。最后，要留给学生足够的质疑时间，为他们旁逸斜出的思维提供理论和制度上的生存空间。

四、教学板书的设计

心理学实验结果表明，人脑接受的外界信息，有 90% 以上来自我们的眼睛。根据现代信息科学的知识，人的记忆 = 视觉 85%+ 听觉 10%+ 触觉 5%，课堂教学就是一个存储记忆的过程，教师要好好利用"眼睛"，发挥视觉的最大效用，绝对不能忽视板书的设计。王松泉教授说过："板书是反映课文内容的镜子，展示作品场面的屏幕；是教师教学引人入胜的导游图，在学生学习中掌握真谛的显微镜；是开启学生思路的钥匙，进入知识宝库的大门。"因此，课堂上教师的板书设计必须是在教师备课过程中对文本深入的研究和整体的科学把握。好的板书是课堂教学内容的精粹，在教学中起着提纲挈领的作用，能够加深学生的印象，有助于学生对课文的理解。一手漂亮的粉笔字既能体现教师良好的基本功，在点、横、撇、捺的书写中，又饱含着教师的一片深情，所以我们常说板书是带着教师的体温的，是教师在备课中构思的艺术结晶，是教师与学生沟通的有效凭借。

当前，教学中的板书设计也存在一定的问题，比如多媒体教学工具对语文教学阵地的占领，导致了一些教师认为"板书"是可有可无的，在教学中不注重板书的设计，使板书内容空洞，黑板成为"被忽视的角落"。另一个极端，则是走向烦琐，事无巨细、密密匝匝地排满整个黑板，抓不到重点，也同样失去了意义。此外，板书内容的杂乱无章，也不利于对学生逻辑思维的培养。从根本上来看，教师的板书设计出现问题，就是因为备课不够深入，自己就没能抓住逻辑、抓住重点。

我们已经明确了板书设计过程的主要问题，那么怎样设计才是好的板书呢？板书设计的原则有哪些呢？第一，板书要直观且形象。使用板书的目的就是强化学生视觉上的刺激，从而强化他们的记忆，因此板书必须要直观形象，必要时可以采取适当的非文字表述，如图画、线条等，可以让学生的印象更加深刻。第二，板书的逻辑要清晰有条理，要争取呈现出课堂内容的层次。第三，板书的设计要"词约义丰""一看就懂"，不必"面面俱到"，一定要经过精心设计、简明大方，要考虑到该学段学生的认知水平。第四，板书的设计要有"创新性"，要让学生有继续探究的想法和兴趣。

教学板书的设计与教师对文章的理解有着密切的关系，教师对文章解读的差异，可以直接从他设计的板书中呈现给学生。虽然教学板书彰显的是教师的个性化劳动结果，但还是能寻到一些规律性的常用策略。

（一）从文章的主题思想入手

围绕文章的主题思想来进行板书设计，就好比抓住了文章的命脉，牵引出了全部文章。比如，《皇帝的新装》这篇童话描写了一个愚蠢的皇帝被两个骗子愚弄，穿上了一件看不见的实际上根本不存在的新装，赤裸裸地举行游行大典的丑剧。这篇文章始终围绕一个"骗"字来展开。骗子巧舌如簧设骗局，皇帝奢侈昏庸受骗，大小官员虚伪谄媚助骗，百姓盲目无知传骗。所以，板书设计应该以"骗"字为中心。

（二）从文章的结构和思路入手

作者的行文思路，就是安排写作材料的次序，是文章的主线或者线索。涉及记叙文，有顺叙和倒叙；涉及说明文，有"总—分，分—总，总—分—总"等。这是一种非常中规中矩的板书设计方法。

（三）从文章的重点、难点内容着手设计

教学板书设计，应该将"三点""四路"熔为一炉，所谓"三点"就是重点、难点、特点；所谓"四路"，就是"教材的编排思路、作者的行文思路、教师的导读思路、学生的阅读思路"。"三点"和重要内容，正是学生应该是重点掌握的东西。板书抓住了这三点，也就抓住了一篇文章的关键。

（四）从重要的艺术手法入手

剖析一篇文章的艺术手法也是解读文章的关键，尤其是一些有特色的艺术手法，在教学中一定要格外重视。

例如，《捕蛇者说》这篇文章的中心是"赋敛之毒，甚于毒蛇之毒"。作者从生—死、安—危、暂危—常危、后死—先死这四个方面进行了鲜明的对比，进而揭示了当时的社会状况，证实了"赋敛之毒"甚于"毒蛇"。

五、教学结束语的设计

所谓结束语，就是一堂课在即将结束时，由教师提纲挈领以简驭繁加以归纳的语言，或是由教师引导学生总结，对整堂课的教学内容进行巩固和强化的语言。

教育心理学指出，在课堂教学中，学生的思维始终处于不断向前运动的动态过程，课堂上的及时回顾，要比 6 小时以后记忆的效率高出 4 倍，课堂上的精要总结，能够使学生从纷繁复杂的教学内容中简化储存的知识信息，因而起到其他教学环节不可替代的作用。具体说来，精心设计课堂结束语，可以帮助学生理清学习思路，巩固所学知识，最终完成从感性认识到理性认识的飞跃。

（一）抓住重点，简洁明了

结束语的作用就是对课堂进行总结、升华。结束语在教学中承担着"收束"的作用，但毕竟不是主要的教学内容，而且通常临近下课，时间不够宽裕，这就要求结束语要简洁。它是对全文重点的回顾，所以要"突出重点"。无论课文有多么复杂，教师都应该拿出"文海钩沉"的本事，抽丝剥茧，抓住教学目标、教学内容来设计结束语，使学生对重点有更加深刻的印象。

（二）启发引导，走向深广

语文学习，不仅仅是课内的学习。一节好的语文课，能够激起学生在课外继续探寻的动力。是否有这种魅力，是检验一个语文教师教学水平的好方法。语文学习，不仅仅是在课内读懂几篇课文，而且要帮助学生走向社会、认识人生。语文是一门人文学科，语文的学习是一生的学习。课堂教学仅仅是语文学习的起点，真正的语文学习不在课内而在课外，甚至是贯穿于生命的始终。

如《爱莲说》的结尾："同学们，这就是周敦颐和陶渊明的不同。面对淤泥，陶渊明的选择是远离，他到红尘边去寻找一片净土。而周敦颐的选择是生长，哪怕是淤泥之中，依旧成长为高洁独立的荷花。这不同的人生选择和诗人的个性理想有关，当然也和当时的背景有关。选择虽不同，但都显著有别于趋同富贵、失掉自我的芸芸众生，所以其人格同样伟大。最后，让我们再朗读一遍那流传千古的名篇"。

（三）首尾呼应，浑然一体

很多老师在设置导语的时候喜欢提出问题，但是通常导语就是导入，之后就不再涉及。如果结束语能够与导语相互照应，效果必将大大增强，并且整个课堂内容将有一种浑然一体、一气呵成的"天作之合"的感受。这种前后照应是指前有暗示，后有交代；前有伏笔，后有说明。如在导入《关雎》这首诗的时候，教师说道："有人说，《诗经》中的词语太晦涩，真的是这样吗？我们先不着急下结论，当我们读完这首诗的时候，一定会有结论的。今天，我想和大家一起循声前往，去发现、去赞美结出千年文艺累累硕果的，到底是怎样的灼灼之花"。

所以，在结尾的时候，要与开头的铺设相呼应。如果《诗经》是文字绽放的一幅画，那么爱情婚姻的章节应该是最娇艳、最生动、最典雅、最诗意的一笔。通过今天的学习，我们感受到了《诗经》并不是晦涩难懂的，循着主人公的心路历程，我们发现，两千年前的那些女子和我们一样地爱着、恨着、渴盼着，它说的就是我们的故事，就是我们前世的前世，一起爱过的人、唱过的歌。诗三百，不过是前生无邪的记忆。

（四）课末总结，升华情感

在教师对课文的深刻理解这一前提之下，好的结束语不仅可以总结教学内容，更能够准确强调课文中所蕴含的情感因素，为学生的情感体验"加足料"。教师在使用结语时，要控制自己的语气、语调、语速。在表达激昂情绪时，语调可以提高、语速稍稍加快；在表达庄严、悲痛、肃穆等情绪时，语速放缓、语调稍变低沉。教师的情感导向，是可以激起学生共鸣的，但应注意不要矫揉造作。

如《再别康桥》的结尾我们可以这样设计：徐志摩虽然"轻轻地"离开了康桥，更离开了这个世界，但是他的诗一直不曾离开我们。2008 年 7 月 2 日，他的诗歌被刻在 2 吨重的洁白的大理石上，从他的故国运到那片给了他灵感的土地上，并被安放在唤醒他性灵的康河边——国王学院的后庭。大理石碑的正面便形成了两个参差错落的平面，上半个平面上刻着："轻轻的我走了 / 正如我轻轻的来"；下半个平面刻着："我挥一挥衣袖 / 不带走一片云彩"；落款是"徐志摩《再别康桥》诗句"。

如果年轻多情的诗人地下有知，他应该会感到欣慰，因为他自己的诗歌，他那颗爱美、爱自由的心，会在国王学院的后庭，更会在亿万读者的心中代代传诵。

此外，还有设疑式结尾、争鸣式结尾、练习式结尾、想象式结尾等类型，都需要我们去深入探究总结。

六、练习作业的设计

作业是教师为实现教学目标所设置的教学环节的重要一环，是学生自主参与程度最高的环节，也是教师与学生交流的有效手段。语文作业的布置和完成是否用心，收效截然不同。语文作业不是"为了作业而作业"，应该让学生尽可能收获多些。同样作业的设计也是有策略的。

（一）预习性作业——明确地落实"导学"功能

在实际教学的过程中，教师的"预习"作业通常是在一节课最后，马上要下课了，老师在嘈杂的人声中大声嘱咐——预习下一课。可是，又有多少同学听得进去？又有多少学生真正去实施呢？预习对学生的学习来讲至关重要，哪怕只是读几遍课文，了解文中的生字词等一些基本的内容，都会省去课堂上教师的很多力气。现在很多学校实施"导学案",其实质就是借此来完成预习工作。教师以学生"学"为出发点,通过问题设计和材料呈现,让学生对即将开始的教学内容有所了解。所以,教师在布置预习作业的时候为学生设计"导学案"是一种非常高效的做法,即使没有给学生设计"导学案",在布置预习作业的时候也要尽力做到详细、具体、有指导性。这样学生才有据可循,慢慢地也会养成良好的预习习惯,当老师不再一步一步教的时候,他们也知道该做什么。尤其是学生到了初中高年级,甚至高中阶段,更可以放心大胆地将一些基础工作交给学生,因为他们已经拥有了一定的基础和能力。

比如,《林黛玉进贾府》一课的预习,老师就可以提出以下要求:第一,自己认真地读两遍课文,把文中的生字及难解的词圈画出来,并依据注释和词典学会。第二,借助网络或书籍,对曹雪芹和《红楼梦》有初步了解。第三,把文中对王熙凤、林黛玉、贾宝玉这三个主要人物的肖像描写与语言描写画出来,初步了解你心中对这三个人物形象的理解。第四,把你的疑问写出来。

如果教师能将预习要求给到如此细致,学生操作起来就会相对容易,教师也比较方便对学生的预习情况进行检查。

(二)巩固性作业——分出层次灵活处理

在课堂教学结束之后,为学生布置巩固性作业之时,要注重层次性、变通性和灵活性。作业的设计要以学生的掌握程度和兴趣为主,既要给学生一定的压力,又不要压力过大,让他们在相对轻松、愉悦的氛围中完成对学习成果的测验,从而能够积极主动地完成学习目标。

如在结束一篇文言文的学习之后,一些接受能力较好的学生,基础知识已经完全掌握了,无须再机械化地记忆、巩固,而另外一部分学生可能学习起来还有些吃力,课上的内容还需要复习和进一步巩固才能慢慢地吸收。面对这种差异,老师在留作业的时候也要区别对待,可以留出几个不同层次的作业,让学生根据自己的吸收程度在其中选做。

例如,在学完一首诗之后,老师可以留以下五项作业,让学生根据自己的水平和能力选做两项。第一,从诗中找出蕴含作者情感的词语。第二,默写这首诗。第三,把这首诗改写成一篇白话散文。第四,用三百字来描写诗人在诗中想要表达的情感。第五,找出该诗人其他的诗,并对其中的任意一首加以赏析。

其实学生是最了解自己的人,他就会根据自己的水平去选择。程度较差的,可能就选择第一、第二两项最基本的去做;程度中等的可能就会选择第二、第三或者第三、第四通过一定的努力可以做到的;程度水平高的学生就会选择第四、第五这样有难度、有挑战的作业。只有每个学生通过作业都有所得,才不会出现做不完和不爱做的情况。

（三）拓展性作业——要注重创新

拓展性作业，顾名思义，就是在原有课文的基础上，尽可能地拓展学生语文学习的空间。要以学习目标为出发点，对文本的思想性和艺术性进行有限度的探究，从而激起学生进一步探究的想法。比如，可以让学生根据课堂的内容搜集资料；将所学的内容，尤其是文言文改编成散文记叙文，乃至改编成课本剧，这样既可以加深学生对课文的理解，又可以提升他们的写作能力；让学生最大限度地参与"生活中的语文"，学生可以走进街头为广告牌挑错字，搜集特殊的春联，写辩论稿、主持词等；此外，还可以完成一些"合作型"的作业，学生可以在老师、家长的带领下走向一些非教学场所、社区集会场合等，撰写新闻通讯、采访稿等，唯有在真实的生活中，学生才能学到真语文。但是，这种作业也会因为时间限制而不容易实施。

第四节　语文课堂教学方法的运用策略

开展一堂语文课堂方法有很多种，其中包括讲授法、对话法、提问法、评点法、评析法、讨论法、练习法、复习法、自学法、诵读法、欣赏法、探究法、发表法、观察法等，这里只选择其中最常见也最重要的四种加以分析。

一、讲授法

教师以叙述或讲演的方法，将知识观念传授给学生就是讲授法。这类教学的显著特征是教师在台上叙述，学生在座位上静听。教师传授，学生学习，这种方式都属于被动。所以，这种方法不免为人所诟病。其实，讲授法是一个历史悠久、运用广泛、成绩卓著的教学方法。但凡介绍教材、引起动机、叙述事实、指示观念、解释原因、摘要结论、归纳整理等教学都离不开这种方法。但人们对这种方法的诟病，主要在于教师始终以为教学目的仅为传授知识，不顾学生的兴趣需要，不考虑学生的自学原则，也不考虑教学目的，甚至学生的学习得失，以致长期滥用，自然难免出现问题。所以，讲授法不是不可以用，要学会巧用，用得适时适度。

（一）讲授法的功用

第一，讲授法在解释教材、补充资料、拓展内容等方面具有不可替代的作用。我们一直说教材无非是个例子，当教材中的内容无法满足学生需要时，教师就要有相关知识的引入、同类事物的对比等，而这些都主要以讲授的形式出现。

第二，讲授法对引起学习动机的条件是必不可少。在一篇新课即将开始之前，教师对相关内容进行介绍与说明，用以调动学生已有的知识经验，发挥学生的想象与新知识产生联系。

第三，讲授法利于培养学生的听话能力。学生欲提高说话能力，必先学会听话。教师的讲授清楚生动，学生日积月累，耳濡目染，其语言习惯、语言能力，无形之中亦渐改善。

第四，节省时间，便于大班教学。如果班级人数众多，这种方法是最有效的。当学生没有机会发表意见的时候，教师的讲授会让每一个孩子有所思、有所得。

（二）讲授法的缺点

1.学生容易疲惫困乏

老师长时间的讲述，容易让学生思想涣散，产生倦怠，一般学生的注意力很难持续 30 分钟以上，所以讲授法的使用时间不能过长。

2.不利于学生自主学习

学生是否具有积极主动的学习态度，对学习效果的影响至关重要。讲授法一般是教师一个人的活动，学生基本属于听者或是记录者的角色，这样不利于学生自主整理教材、自主思考、自主发问。

3.不能顾全个别差异

讲授法适于人数多的班级，由于受到人数、时间限制，很难完全兼顾个别学生的需要与兴趣。所以，更多的情况是教师在输出，而比较少有回应。

（三）讲授法的运用

精选讲述材料，要做到准备充分，内容具体可感；教师要"胸有全课"，思路清晰，条理性强；语言应生动有力，发音清晰，语调丰富，抑扬顿挫；要掌握好讲授的时间，并注意与其他方法配合使用。

二、对话法

现在的对话法已不限于原来"教师问，学生答"的一问一答的问答法。它还包括学生问老师答、学生问学生答等多种模式。但其核心仍然是以问题为中心。这种教学方式历史悠久，在《礼记·学记》篇就有记载："善问者，如攻坚木，先其易者，后其节目，及其久也，相说以解。不善问者反此。善待问者如撞钟，叩之以小者则小鸣，叩之以大者则大鸣，待其从容，然后尽其声。不善答问者反此，此皆进学之道也。"

《荀子·劝学》篇也有云："不问而告谓之傲，问一而告二谓之嘈，傲非也，嘈非也，君子如响矣。"而在《论语》一书中，更是以孔子与弟子的问答为主要内容，时至今日，问答法仍不失为在语文教学中应用极广而不可或缺的教学方法。

（一）对话法的功用

1. 可以了解学生的学习状态

通过问答可以了解他们知道什么和不知道什么，便于对学生的情况进行诊断和评价。

2. 可以发展学生的思考能力

一般来讲，课堂上教师的提问会引起学生的注意，而对问题进行思考和尝试提出解决办法是学生的天性，在思考和尝试回答的过程中学生的记忆力、思维能力都会得到提高。

3. 锻炼学生的表达能力

学生的回答、讨论等都属于口语表达范畴，通过这种方式可以让学生把所思所想用语言表达出来，对提高学生的口语表达能力大有裨益。

（二）对话法的缺点

第一，学生在课堂上通常会处于紧张状态，总怕老师问到自己，又怕自己回答错误。所以，有的学生会挖空心思想，思考老师需要什么样的答案。

第二，学生总有爱表现与不爱表现之分。一般来讲，老师比较喜欢提问爱表现与爱举手的学生，久而久之，一些不爱表现的学生会变得更加内向，课堂容易被少数学生"霸占"。

第三，教师的问题面比较窄，有的学生可能觉得简单，有的学生可能会感觉吃力，不利于适应学生的个别差异的学习。

（三）对话法的运用

第一，问题的种类要丰富，问题的难度要有差异。应既有记忆性问题，又有理解和拓展性问题，让不同层次的学生都可以参与进来，都有表现的机会。

第二，机会要均等。对于不敢举手、不爱举手的学生要尤其关注，避免这些学生失去兴趣或游离于课堂之外。

第三，教师要认真倾听学生的回答，并持友善的态度。当学生回答不上来或者回答不够理想的时候，教师要适当引导、鼓励，而不是用生硬的态度去批评或指责。

第四，对学生的回答要有适当的追问和评价，让学生感觉到被尊重、被认可，不可应付了事。

第五，教师提问的时间、数量、难易都要把握好，本着适时、适量、适度的原则。

第六，鼓励学生提问，发现问题比解决问题更重要。

三、自学法

自学法顾名思义，乃学生自学、教师从旁辅导的一种方法。换言之，就是学生在教师的指导之下，运用有效的学习方法，自行学习教师规定的功课。依据莫尔特心理学教学指引中所述"人从自动中学习"，没有人可以代替学生的学习。学习的实质就是学生根据自己已有的学习经验，对外来的刺激与情境做出的反应。所以，学习确实应以学生为本。

（一）自学法的功用

第一，养成自动学习的习惯。教师指导，学生自学，时日一久，不用督促，学生就能自动学习。学生能自学，那么学习效率必然提高，有助于教学目标的达成。

第二，增进解决问题的能力。学生自己学习，一定会遇到很多难题。这个时候学生就会想方设法解决这些问题，在解决问题的过程中，就会想很多办法，其能力必定提升。

第三，适应个别差异。每个学生都是有差别的，其能力有高有低，每个人的学习速度有快有慢，自学法是适应学生差异的最好的教学方法。

第四，培养自主研究的兴趣。自学习惯的养成，学生阅读能力必然增强，思考问题、解决问题的能力也随之提升，久而久之，就会激起研究的兴趣，自己会尝试着去构想和研究自己感兴趣的课题，这将是学生形成终生学习能力的开始。

（二）自学法缺点

第一，如果教师不能布置比较详尽的自学题目，学生就会随便看看，应付了事，久而久之，此种方法就会流于形式。

第二，一些学习能力较弱的孩子，不会自学，一到教师布置自学的时候，就不知道自己应该学什么，缺乏自学能力。

所以，在语文教学中运用自学指导法，必须力求做到使学生明确学习目的和要求，依据教学内容的需要提出有助于激发学习兴趣的思考题和练习题，使学生心中有数，针对问题自学；指出自学内容的重点和难点，指明自学的步骤和方法；给学生创设良好的自学环境和条件，提示或提供必要的参考材料、自学手段等；教师要巡视、指导和辅导，既随时了解学生的自学情况，又及时解决必须是教师该解决的疑难问题；辅导和指导必须得法得力，对于学习能力较弱的学生更应该加大力度，及时总结。

（三）自学法的运用

第一，要充分培养学生的学习动机和加深对自学的认识。否则，在没有教师现场督促和指导的情况下，如果学生懒惰或是应付，学习效果将无从谈起。

第二，教师要对自学有明确的指导，让学生熟悉具体的操作步骤，并给学生切实可行的自学方法，对学生的自学多加鼓励。

第三，要对学生的自学情况做检查，并对自学之后出现的问题进行讨论，让学生的困惑点有解决的通道。

四、诵读法

诵读法是立足于"读"而致力于"悟"的教学方法，它作为一种文本阅读的教学方法，是通过对言语、声音、形态的感知和塑造以达到阅读教学的目的——理解感悟文本的意义和情感。中国古代语文教育非常重视诵读，所谓"书读百遍，其义自见"，而诵读也正暗合了语言学规律和汉语文的性质。曾国藩曾说："熟读五古七古各数十篇，先之以高声朗诵，以昌其气，继之以密咏恬吟，以玩其味。二者并进，使古人之声调拂拂然若与我之喉舌相习，则下笔为诗时，必有句调凑赴腕下。诗成自读之，亦自觉琅琅可诵，引出一种兴会来。"诵读久了，语感自然形成，语文的学习，尤其是文言文也就不再艰涩难懂了，学语文就必须要诵读。

（一）诵读法的功用

1. 训练语言能力

教学生诵读，可训练其心、眼、口、耳并用，帮助学生正确地发音、识字，并使学生的腔调准确，增强语言表达能力，培养语感。

2. 增进写作能力

夏丏尊曾经说过："读，原是很重要的，从前的人读书大多不习文法，不重解释，只知在读上用死功夫。他们朝夕诵读读到后来，文字也自然通顺了，文义也自然了解了。一个人的通与不通，通常不必去看他所作的文字，只需听他读文字的腔调，就可以知道。"这段话讲的就是这个道理。

3. 考查学生对文章的了解程度

由学生诵读的音调和顺畅程度，教师可以考查出他对文章了解的深与浅，教师可以根据学生的情况来适时调整自己的教学。

（二）诵读法的缺点

第一，如果任何篇章都要求学生读，久而久之，学生易心生厌倦，嘴上读着文字，心里并没有真正地去思考其内容。

第二，教师总愿意让诵读水平高的学生去做示范，不能照顾到大多数，诵读成了少数学生的专利，并没有做到全员参与。

第三，一些口语表达能力弱，或是发音不标准的孩子，会羞于张嘴、心生畏惧，害怕读错了，或读得不好。

（三）诵读法的运用

1. 了解课文

诵读之前，一定要让学生对文章的主要内容有所了解，明确作者的情思和写作技巧。这样才能从诵读其中体会欣赏篇章之美，进而学习效仿。

2. 注意停顿

文章的组成有词有句，词有单词与复合词，句有简句、繁句与复句。诵读时，必须注意字、词、句的间隔，有标点符号的当读出标点，有一些没有标点或是不完全依照标点而读的更要做好特殊标记。

3. 注意吐字

诵读的时候，必须吐字清楚。所谓清楚，不仅指口齿清晰，也指发音正确，在诵读上教师必须锱铢必较、咬文嚼字。

4. 词语的轻重

文章中有语势，一句之中也有语势。所谓语势，即语意的重点。一句之中，词意有轻重，读时若有重要字眼，或彼此相关的词，一定要加重语气读出，以区别重轻。

5. 语调的升降

调是对声音的高低而言的，是由声带的张弛引起的。要根据所读内容调整自己的声调，表达特殊语气的，如感慨激奋、惊愕、疑问等，都要通过语调来表达出来。

6. 声音的强弱

这是针对肺部发生气流分量大小而言。分量大则强，分量小则弱。在表达悲壮、快活、叱责或慷慨的文句时，句首的声音比较强。凡表达庄重、满足或优美之文句时，句中的声音比较强。

7. 气流的缓急

这是对声音与时间的关系中所形成的节拍长短而言的。同一时间，音数少的为缓，音数多的为急。一般含有庄重、敬畏、谨慎、沉郁、悲哀、仁慈、疑惑等感情的文句，要相对缓一些；含有快活、愤怒、惊愕、怨恨等情感的文句，需要急一些。

总之，诵读的时候，一定要考虑到文句的结构以及文字所蕴含的感情。其他的技巧都是为这两者服务的，并且教师要有范读的能力，学生模仿老师是最高效的学习方法。

然而，方法仅为教学的手段，并不是教学的目的。教学目的，在于教学结果，而不是方法本身。教师在着力寻求教学效果的过程中，要面临多个选择的需求，如不同的学生、教材、情境、目标以及随时可能发生的各类难题。以固定的步骤或是一个方法来应对万变是不可能的。其实，每一种教学方法，都有其优点和力不能及之处，我们不能以一种方法应对各类教学。所以，教学方法的运用，不仅是一门科学，更是一种艺术。

第八章 初中语文读写结合教学的基本策略

第一节 以读促写的基本策略

随着初中语文教学的改革和发展，教师在教学过程中越来越注重对学生读写结合的培养，而"以读促写"已经成为初中语文教学中常用到的也是很有效的方法。古语说得好："读书破万卷，下笔如有神。"当学生阅读的书籍多了，美的语感自然而然形成了，写作的时候就会如行云流水般畅快；阅读的书籍多了，学生对语文课本或者考试卷上的文章的理解能力就会提高。

一、读写结合的基本内涵

读，是指阅读教学中语言文字的积累过程，主要涉及对字、词、句的理解，对课文内容的理解，深入了解作者所要表达的思想情感，积累更多的语文知识。写，是指运用所学的知识，结合自己的理解来进行写作训练的一项基础活动，是对知识应用的延续，也是读的一种深度延伸，只有理解了语言文字，才能更好地将所学的优美字句等连接成段、成篇，形成完整的具有丰富情感的作品。

对于初中生而言，读写是两项基本的能力，读写两种活动本身是相辅相成，密不可分的。初中语文教材中的文章是经过精心挑选的范文，有很多经典的思想，在思想教育、谋篇布局、遣词造句、题材选取、体裁安排等方面都有很多独到之处，需要学生加强深度学习，才能更好地理解文章所要表达的内涵，并结合实践进行大胆创作，更好地提高实践应用能力，提高语文学习的持久热情。

二、以学生为中心，精选优秀阅读材料

阅读材料是拓宽学生视野和激发学生学习语文热情的重要支撑。在初中语文教学中，需要学生开展大量的阅读，才能更好地提高阅读效率，丰富内心情感，增进对文

章的理解和情感的把握。教师在教学案例的选取方面要充分考虑初中生的个体差异和成长特点，明确教学任务和重点，围绕新课标的要求为学生推荐更多优秀的阅读刊物和素材，才能起到良好的教学效果。因此，教师要不断开发新的教学资源，结合新课标要求和课堂教学的核心内容，加强案例的深度教学，引导学生反复阅读文章，体会作者丰富的创作情感，还要引导他们联系生活实践，将理论和实践结合起来进行深度思考，更好地完善自身的理论体系，在潜移默化中获得更多感动，更好地促进自己的写作，形成一套独特、丰富的体系。比如，在开展课文内容教学时，为了便于学生更好地了解不同人物的心理活动，教师可以引入角色扮演法教学模式，通过让不同小组的学生扮演文章中不同的角色，在生动的表演中营造真实的情景，更好地了解和把握人物的心理活动，激发创作灵感。

想通过"以读促写"提高初中生学习语文的效率，首先要考虑如何让学生喜欢上阅读，并逐渐把阅读当作自己的兴趣。因为只有从学生自身的兴趣出发，学生才可以真切地感受到文字给他们带来的好处，从而养成好读书、读好书的习惯。

（一）向学生说明阅读的好处

初中学生褪去了小学时代的稚嫩，思想逐渐成熟起来。只要教师能真切地向学生说明读书的好处，笔者认为学生还是愿意主动阅读的。但教师应该找到学生的兴趣点，从学生的兴趣出发，向学生阐述阅读可以给他们带来的成长。比如，学生如果平时爱玩策略类型的游戏，教师就可以让学生去读《三国演义》，告诉学生读《三国演义》可以增加智慧，提高自身利用计谋和策略的能力，这样玩起策略游戏就可以得心应手。如果学生喜欢看武侠电视，那教师就可以推荐学生去读金庸的作品，以武功招式等吸引学生阅读。当学生带着目的、带着兴趣阅读，在阅读的时候就可以达到身临其境的境界。

（二）营造阅读的氛围

传统的语文教学中，学生在校期间基本上是在听教师讲课，教师可以将时间留出一部分给学生自由阅读，给学生创造出全员阅读的环境。在阅读的时候可以不限制书籍，让学生根据自己的兴趣爱好挑选合适的书籍，教师只是在学生挑选书籍的时候给出适当的建议。在这种集体阅读的环境中，学生会更加专注并且更加具有积极性和想象力。另外，由于每天都可以有一段时间给学生固定阅读，更容易让学生养成阅读的习惯。

三、以读促写，掌握更多的写作技巧和方法

想要写好一篇文章，阅读非常重要，学生只有积累丰富的阅读素材，才能将所学的资源整合，从而结合自己的实践和理解创作更具生命力的作品，所以要通过阅读训练来带动写作，从而掌握更多的写作方法。比如，在开展课文内容教学时，教师可以引导学生通过自学等方式将文章中的优美字句进行摘抄记录，结合自己的生活实际来联想生活中有没有相关的案例，假如是自己应当如何做，教师可以布置和教学内容相关的写作题目，引导学生进行针对性训练，这样既能加深学生对课文内容的理解和记忆，也有助于引导学生联系实际来进行创作，提升写作水平。此外，教师也可以利用教材中的阅读材料，引导学生将其当作范文来进行写作训练，通过扩写、缩写或者续写等方式，进一步提升学生对文章的深度理解能力和想象力。

四、通过写作促进阅读，不断开拓学生的眼界

写作和阅读密不可分，既可以通过阅读来促进写作，也可以通过写作来更好地促进阅读。一方面，教师可以引导学生围绕教学主题，结合一种类型的文章进行创作，教师在学生写作过程中进行指导，适当地穿插阅读文章，从而提高写作效率。另一方面，教师可以围绕教学内容，就某一个点或者某一个角度来布置相关的评论或者读后感任务，引导学生从多方面进行论述，表达自己的观点，并在创作中回到文章，加深阅读，只有对文章有深刻的理解和把握，才能写出更具生命力的作品。教师可以通过开展交流会或者成果展示会等形式，对优秀的作品进行展示，通过网络载体等为学生推荐更多指导性的学习阅读刊物，丰富他们的内心情感，激发他们的创作激情，更好地提升语文素养。

五、以读促写的有效策略

俗话说，"光说不练假把式"，当学生养成了阅读的习惯，通过大量的阅读培养了语感与文字审美的能力之后，最关键的一点是要将自己的想法表达出来，也就是语文教学中另一个关键的点——写。读书开阔学生的视野，丰富学生的想象，美化学生的语感，但这所有的好处只有一个目的，那就是提高学生的写作表达能力。那么，又如何做到以读促写呢？

（一）写读书笔记和读后感

实际上不是非要等学生阅读过大量的书籍后才能下笔写作，读书是丰富学生语感，

促进学生在写作时能写得通顺优美的方法，而写作是训练学生表达能力的方法，二者实际上是相辅相成的，以读促写需要学生在阅读过程中也要注重写作的训练。

比如，可以通过写读书笔记和读后感的形式，训练学生读写结合的能力。当学生真正下笔写作的时候，潜意识里就会模仿句子的结构和语态，使文章变得优美。

而读后感的作用就是帮助学生更深地理解读过的书籍，写读后感实际上就是让学生再度深入思考文章的方式。而且学生在表达自己思想的过程中，逐渐加强了自我表达能力和文字的运用能力，这些能力在考试过程中有助于学生更好地理解考试文章，并在答题的时候做到思路清晰，提高语文的考试成绩。

（二）举行写作比赛

通过培养学生的阅读习惯来提高学生的写作能力，从而提高学生的语文学习成绩，实际上这一个过程需要检验方式，那就是教师可以在各个班级内甚至年级之间每隔一段时间举行写作比赛。通过比赛的形式既可以带动学生的写作积极性，又可以检测出某个阶段的阅读训练对学生写作能力的影响。而且初中生都是十五六岁的年纪，都有不服输的性格，大多数学生都会认真准备比赛。如果学生没有在这一阶段取得好的名次，听从教师的建议后肯定会更加积极地阅读书籍，为下一次的作文比赛做准备，从而形成良性循环，使以读促写的教学方法很顺利地实施。

六、激发学生的作文兴趣，让学生乐于习作

学生怕作文，对作文不感兴趣，跟我们教师对作文的重视程度和引导方法有关。语文学科的大部分时间是花在阅读教学上的。这样从客观上就无意中造成了语文教学重"读"轻"写"的局面，学生的作文兴趣自然得不到激发和培养。"读写结合，以读促写"将读与写紧密地结合在一起，做到立足于"读"，着眼于"写"。为了将"写"的训练目标落实好，教师必须熟读课文，以独特的视角挖掘课文中有利于"写"的因素，并以学生易于和乐于接受的方式组织阅读，在学生读通、读透、有所感悟和体会的基础上，进行"写"的训练。由于是有所借鉴、有所感悟和体会，此时的学生对作文也能有话可说，也能"下笔有神"，也能感受作文带来的自信与快乐。久而久之，学生对写作的兴趣也就养成了。

七、拓宽学生的作文思路，让学生善于组材

以往写作文，学生总会搜肠刮肚、无话可写。究其原因，除了学生年龄小、生活经验不足、生活体验不深、可写的素材少之外，主要是因为学生的作文思路没有打开，不懂得审题，不懂得立意，不懂得根据作文的要求去搜集素材。"读写结合，以读促写"

注重以课文为凭借，以某一读写结合点为契机，先对学生进行由此及彼的模仿训练，再进行举一反三的拓展训练，极大地培养了学生的发散性思维和创新性思维。当学生的发散性思维和创新性思维被激活后，作文的思路自然而然就宽了。只要给一个作文题目，学生的头脑就能快速运转，如"写什么""表现什么样的思想感情""通过什么事来表现""我亲历的哪件事最典型、最有说服力""事件的哪个环节应该重点写"等问题——闪现。通过仔细推敲，整个作文的框架和脉络就清晰了。

八、夯实学生的文字功底，让学生精于表达

"读写结合，以读促写"更重要的在于立足教材，倚重阅读，充分发挥每篇课文的作用，有目的地选择一些语段让学生品读、理解、揣摩、赏析，体验和感悟文字之精妙、景物之丰美、人情之伟大。在此基础上，进行仿写、续写、扩写等训练，夯实学生的文字功底，让学生的表达更加流畅、形象、生动，从而解决了学生"有话不懂就写"的缺憾。

第二节　以写促读的基本策略

以写促读的教学方式，改变了听、读、背的传统教学方法，使初中生改变死板的学习态度，以写促读不仅仅在课堂发挥作用，其在课外活动中也大有裨益，可以提高初中生的阅读能力、理解能力、运用能力、创新能力等，使初中生真正理解语文在生活中的重要性。

一、初中语文实施以写促读的学习内涵

语文课每篇文章都有鲜活的人文特色，其独特的情感魅力感染着每个读者，文章丰富的文化底蕴能体现当时的精神文化，作为初中生，需要了解祖国历史的发展。所以，教师在教学中有责任给初中生创造学习的条件和机会，将阅读和写作联系在一起，融合到初中语文的教学中，能够提高初中生学习语文的效率，提高他们的理解和阅读能力，开拓他们的思想，提高写作能力。学生在写作中遇到的困惑会发散他们的思维，增强他们对阅读的欲望和对知识的求知欲，从兴趣中不断地获得新的知识，弥补他们写作能力的不足，这样使学生反复进行读、写训练，以写促读能提高初中生阅读兴趣和知识量，主动去求学、去探索问题、去解决问题。

二、以写促读的实践理由

写作能力和阅读能力是相辅相成的，对初中生而言，课堂学习只是提升他们的思维能力，而这是远远不能满足他们的学习要求的，所以要改变以往"读"重于"写"的观念，使以写促读在初中语文学习中发挥重要作用，"写"成为阅读的重要环节。初中生的思维活跃，要吸引他们的注意，以写作来体现他们的人格魅力，使他们掌握丰富的文章内容，建立他们独立的个性，成为一个合格的现代人。当他们不断提高阅读能力、写作能力的时候，打开了视野，对新鲜事物有了自己独到的见解，丰富他们的生活阅历，对他们学习语文有很大帮助。以写促读是放手教学的过程，让他们写文章，成为一个小作者，从写作中找到自己正确的学习方法。以写促读的教学方式，让初中生正确理解阅读和写作之间的关系，阅读就是以读者和作者之间对话的形式呈现，是心与心之间的沟通。这种行为，能触动初中生心中的情感，以写作方式来宣泄心中的情感，随之也丰富了初中生的情感世界。以写促读融入初中生的生活中，增加他们对美的感知，将自然、社会、艺术带来的美，展示在他们的作品中，培养了初中生的审美情趣。

三、专题读写训练

教师应当在初中语文读写结合的教学中，指导学生进行专题读写训练，借此来让学生消化所学的知识，并掌握知识的运用方法，从而达到学以致用的目标。如在教学《窃读记》《再塑生命的人》《老王》等课文之后，教师可以给学生预留出一些时间，让他们从这些文章中选取材料组织线索，并提出相关的问题：列举出给你留下最深印象的材料和细节，并详细说明这些材料和细节的特点，说出自己有过的类似经历等。随后教师可在课堂上，利用 PPT 为学生展示有关选材和细节描写的内容及要求，并为学生设计训练，参考题目《难忘的一件事》，让学生运用细节描写的方法，捕捉其中让人为之动容和记忆犹新的场景，写出让自己最难忘怀的一件事。在这一过程中，教师应当指导学生写作技巧，如选择恰当的材料，保证条理清晰，叙事要详略得当，通过文章抒发自己的真情实感。最后，教师可以以"身边的人"为题，给学生布置短文写作任务，借此让学生所学的知识加以巩固和运用。

四、模仿范文写作

初中生的语文基础虽然已经比较扎实了，但语言知识的积累却略显不足。因此，教师在教学中，应当让学生多模仿范文进行写作。部编版教材容纳了为数众多的经典语言和词汇，教师可引导学生进行积累，逐步丰富自己的语料库。同时，可采用摘抄的方式，对各种词汇和语言进行详细分类，并加以反复诵读和理解记忆，在沉淀中不断地培养语感，提高自身的语言素养。如在学习《背影》一课时，教师可以先让学生细细品读文本，领会文本的选题立意，模仿文本的写作技巧和记叙方法。在此基础上，教师布置写作任务，写一篇关于自己亲人背影的文章，如《奶奶的背影》《妈妈的背影》等，要求学生模仿《背影》一文的细节描写方法，从而提升学生的写作水平。

五、以写促读

（一）先写后读

初中生已经具备了一定的理解能力，教师在进行语文教学的过程中，应当引导学生通过写作深化对文章中心思想和段落大意的阅读理解，借助先写后读的方法，利用写作促进阅读，这样能够使学生在写作时提高阅读能力。将写作环节前置，让学生在写作之前不对课文进行阅读，以学生现有的写作知识和掌握的写作技巧作为立足点，以即将学习的课文为题目，布置写作任务。在写作中，学生会对课文内容有一个大致的了解，由此可为后续教学工作的开展奠定基础。如在对《我的老师》进行教学时，教师可以先让学生对自己熟悉和喜爱的老师进行外貌描写，当学生写完之后，教师在课堂上将他们的习作与课文进行比较，在对比分析中，让学生领悟课文的写作手法，以及作者想要通过文章表达的深层含义。

（二）课外延伸

学以致用是学习的最终目标。因此，教师可让学生将课堂上的学习成果带入现实生活中，关注身边熟悉的人，如同学、教师、亲人等，并关注与自己相关的人，如交通警察、食堂的叔叔阿姨、摆摊的小商贩等。然后让学生以关注身边的人为题，分成小组对相关的资料进行搜集，找一些名家作品进行阅读理解，如孙犁的《小贩》、张海迪的《亲爱的纺织姑娘》等。同时，教师也可以鼓励学生借助网络，查找一些与主题有关的优秀范文，并在全班开展读书交流会，让各个小组展示自己的成果。此外，教师可以搜集一些知名作家的经典作品，为学生写作提供参考素材。在这一过程中，不仅培养了学生的动手能力及合作意识，还激发出学生的阅读积极性，达到了读写结合的教学目标。

（三）以写促读的运用

在以写促读的过程中教师要起到引导作用，从他们的兴趣入手。同时，要确立正确的阅读目标，让学生接收健康、正确的知识。在课外阅读中，以裁剪、注释、摘抄的方式进行阅读，把阅读得到的体会、感悟写下来，跟老师或者同学分享，这样在提高了写作能力的同时也学会了分享，以写促读能使初中生学到很多优良的品质。在教师正确的引导下，以写促读使初中生的生活更加多姿多彩。

六、以写促读，培养阅读习惯

教育家乌申斯基说："良好的习惯是一种道德资本，这个资本在不断地增值，而人在其一生中就享受着它的利息。"阅读是场长久、精神放松的旅行，一边阅读，一边写作，一边思考，留下旅行足迹是最合适、最有效的自主学习手段。初中生养成良好的阅读习惯是一种可贵的品质，是以写促读语文教学方式的要点，也是穿越时空与作者进行无声对话的有效方式。

以写促读的语文教学方法需要循序渐进，需要有一个长期的促成阶段，坚持以写促读的方式教授初中语文，能有效纠正初中语文教学中出现的问题，以写的方式把握初中生的心理变化，尊重其人格，做出正确的引导，使以写促读深入每个初中生的日常生活中，进一步打开初中生的思维空间，提升其写作创新能力。

第九章 初中语文教材层面的读写结合教学策略

第一节 针对定篇的评论性写作

在初中语文作文课程的教学中，教师要善于挖掘课本中好的教学资源，并不断培养与提升学生自身的写作能力。文本的学习不仅能够帮学生积累好的写作素材，也能够让学生感受到篇章布局的重要性，并且能够非常有效地加深学生对描写技巧的理解。这些对于学生自身写作水平的提升将会起到很好的推动作用。

写作教学不仅是初中语文教学中的重要组成部分，写作能力也是学生综合语文素养的一种体现。在初中语文作文课程的教学中，教师要善于从语文课本中挖掘有价值的教学资源，并且要善于对这些资源展开合理利用。这不仅能帮助学生对教学文本形成更深刻的认知，而且能够让学生有效地从课本中学习到写作技巧与写作经验，这对于学生写作能力的提升将会很有帮助。

一、挖掘课本中的写作素材

以语文课本为参照展开写作教学可以有很多切入点。首先，教师可以让学生善用语文教材，尤其是其中一些好的写作素材，这些都可以成为学生习作中的有效资源。语文课本中的文章在文体上十分多样，有记叙文、议论文、抒情散文、说明文等，在不少文章中讲述的一些故事或者陈述的一些论点都很值得学生学习，学生要有意识地吸收这些好的写作资源，并且在自己的文章中加以利用。教师在平时的文本教学中要加强对学生的引导，尤其是在学到一些好的写作素材时要引导学生加强积累。可以让学生通过反复诵读文章来深化相关段落的理解与记忆，也可以让学生以这些文本为模板来模仿写作。这不仅可以深化学生对文本的理解与认知，也可以帮助学生从这些好的写作素材中增强积累，并且不断提高自己的写作能力。

课本中有很多值得学生积累的写作素材，教师要通过合理的教学引导来深化学生对于这些资源的有效利用。例如,《事物的正确答案不止一个》中列举的约翰·古登贝尔克的事例,他将原来毫不相关的两种机械——葡萄压榨机和硬币打制器组合起来,开发出一种新产品。因为葡萄压榨机用来从葡萄中榨出汁,所以它在大面积上均等加力,而硬币打制器的功能则是在金币之类的小平面上打出印花来。有一天,古登贝尔克半开玩笑地自言自语道:"是不是可以在几个硬币打制器上加上葡萄压榨机的压力,使之在纸上打印出印花来呢?"由此发明了印刷机和排版术。这是一个很好的例证,学生在自己的文章中可以灵活地应用这个故事来帮助论点的阐述。很多学生自己的习作非常单调,文章在说理时也十分单薄,这主要是由于学生对于论据的积累非常缺乏。因此,教师在平时的作文教学中要善于引导大家有效地利用课本中这些好的写作素材,这将帮助学生的写作能力与写作水平得到有效进步。

二、学习文本的篇章结构

作文教学中另一个很重要的部分在于培养学生的篇章布局能力,要让学生合理地设置整篇文章的结构,这也是作文教学中的一个难点。很多学生作文结构非常混乱,通常是想到哪里写哪里,最后什么内容也没有得到表达。因此,教师要深化学生对于篇章布局能力的培养,要善于利用课本中那些优质的甚至经典的文章来给予学生引导,让学生在文本学习中能够深刻地理解文章结构安排与设置的方法,并且让学生在不断学习中来丰富自己的篇章布局能力。这将会帮助学生写出质量更高的文章,对于作文教学也能起到非常好的推进作用。

朱自清的《背影》一文就是首尾呼应的佳作。开头说"我最不能忘记的是他的背影",既能使文章围绕"背影"这一中心自然展开,又能吸引读者阅读下文。文章的结尾再次强调了"肥胖的青布棉袍黑布马褂的背影",这样写不但与开头呼应,而且能帮助读者更深刻地理解题旨,体会作者的感情。这样的文章结构在教学中也便于学生模仿。这种首尾呼应的文章往往是我们写回忆性记叙文常用的结构方式。教师要善于引导学生从一些有代表性的文本中学习好的写作方法与写作技巧,不断丰富自己的篇章布局能力。这将会帮助学生在自己的习作中保持清晰的思维与条理,提升学生的文本写作质量。

三、学习文本的描写技巧

描写是一种非常重要的写作技巧,这也是让整篇文章更有可读性且更丰富的写作方法。大部分学生在自己的文章中没有很好的描写,一方面学生自身的语言较为贫乏,另一方面,学生所掌握的描写技巧也较为缺乏,这些都是造成学生文章较为干枯的主要原因。培养学生的描写能力非常重要，这也是初中语文作文教学中需要重点培养的写作能力。教师在文本教学时要让学生从一些有代表性的文章中多吸收作者的描写技巧与语言应用，这对于学生写作水平的提升将会起到很好的推动作用。

很多文本都可以作为学生写作能力提升的范本，并且能够很好地开展学生描写能力的培养，如《最后一课》中对小弗郎士进行了多次的心理描写，写出了他的心慌、诧异、难过、后悔，写出了他对老师的理解、同情和敬爱，写出了他对侵略者的愤恨和对祖国的热爱——小弗郎士在最后一课上，思想感情已经发生了明显的变化，把这个顽皮而又受到伤害的孩子写得真实深入。又如《我的老师》中写道："现在回想起来，她那时有十八九岁。右嘴角边有榆钱大小的一颗黑痣。在我的记忆里，她是一个温柔和美丽的人。"短短几句就将老师温柔美丽的形象呈现在我们面前。这些都是非常值得学生学习的范本。

四、用好课本资源，插上仿写翅膀

在教学中，语文老师不妨用好课本资源，从文本中发现可利用的仿写资源，然后引导学生在模仿中起步，从熟练中破格。

譬如，很多学生作文中没有思想，幼稚肤浅，在写景的文章中不善于抒情，不善于书写对社会、人生的深入思考，这时就从语文课本中找找范例。《滕王阁序》《秋声赋》为我们提供了很好的范例，这两篇文章都是由景及情，由情而理层层深入的，那么不妨也让学生写写，学着在写景的文章中书写对自然、对社会、对人生的思考，哪怕是粗浅的，也能一改以往肤浅幼稚的文风，使文章有一点思想深度。立意模仿训练时，也许刚开始学生会"为赋新词强说愁"，但只要让他们养成一种思维意识和思维习惯，能够做到"登山则情满于山，观海则意溢于海"，对社会、对人生、对自然多一点思考和体悟，文章就能有厚度。这样一来，作文水平何愁不能提高呢？

又如，我们学生语言贫乏，言之无文。在马丁·路德·金的《我有一个梦想》中气势恢宏充满真情的"我有一个梦想"的排比段，给学生提供了语言模仿的范例，这时让学生学着写一段"我有一个梦想"，你会发现，这样的摹写会取得前所未有的功效。语言模仿，就是学生通过对语言范例的熟读、理解、领悟，从而写出与范例相同或相近的结构形式、表现手法、修辞方式的语言形式。教师向学生提供语言范例，进行造句训练，一段时间之后，学生的语言表达能力提高了，作文的兴趣浓了，就会主动阅读寻找可供模仿的范例，从而进入一种自觉模仿的阶段。这时，纯借鉴性的模仿就会逐渐被创新性的模仿代替，学生的语言表现力就会不断提升。

模仿法是一种好方法，可以摹写立意，可以摹写语言，可以摹写文章的写作思路，它有效地培养了学生理解、分析等多种思维能力，为学生作文插上了翅膀。

五、用好课本资源，拓展悟写渠道

在教学中，老师可以结合阅读教学，对学生进行形式多样的悟写训练。譬如，读了《雨》，让学生写点文学评论，写写对剧中人物的看法；读了《阿Q正传》，谈谈自己对阿Q精神胜利法的认识或创新见解；读了《项羽本纪》，让学生学着评述历史人物的功过是非；读了"落霞与孤鹜齐飞，秋水共长天一色"这样意境优美的诗句，让学生进行想象描写……诸如此类的别具匠心的拓展训练，是很有意思的。

叶圣陶老先生就说过："语文教材无非是'例子'，凭这个'例子'，要使学生举一反三，练成阅读和作文的熟练技巧。"

确实，课文为学生提供了很好的语言、构思和立意的借鉴。学生如果能在阅读中学习、体悟、借鉴，如果老师能独具慧眼，发现教材中的独特资源，并有效利用，拓展学生悟写的渠道，那么这样一种悟写对于提高学生写作水平是大有裨益的。

六、用好课本资源，进行形式训练

搭建改写平台、利用课本资源进行内容训练的同时，也可以进行形式训练，如学写诗、写信、写日记、写小论文、改编课本剧、设计主持人某一活动的开场白等，课本也为我们提供了这方面的借鉴。

改写其实是对学生思维的升级训练。在这个训练过程中，要求学生不仅要从原来的文本中提取相关有用的信息，还要对原文本进行感知、分析、评价，然后在此基础上才可能创造出新文本。在这个提升的过程中，学生不仅要深入研究原来的文本资源，还要深入研究新的创作形式，这样的改写其实是一个循序渐进的思维训练过程：感知性思维训练—理解性思维训练—评析性思维训练—创造性思维训练。所以，让学生改写课本资源，颇有点类似做编剧的工作，学生是愿意从兴趣出发，做一点新的尝试的。

譬如，在阅读教学中，将《祝福》改编成课本剧、《项羽本纪》改编成《霸王别姬》这样的影视剧，这些不正是改写成功的范例吗？在教学中，将阅读与改写有机结合，不失为一种有挑战性的尝试。

在我国古典诗歌中，许多写景名诗都可以改写成优美的散文。《滕王阁序》中王勃的经典名句"落霞与孤鹜齐飞，秋水共长天一色"不就是一篇优美的散文吗？马致远的《秋思》、王维的《山居秋暝》等不是都能改写成一篇意境优美的散文吗？这些诗句高度浓缩，当我们诵读时，不妨驰骋想象的翅膀，调动我们的生活积累，把这些诗句改写成文质兼美的散文。同时，这些诗歌也给学生提供了思想典范，因为学生往往对社会、对人生的感悟很浅，在自己的作文中常常只能"为赋新词强说愁"，对景和情的描写总是分裂的、唱高调的，难以达到那种情和景浑然一体的地步，难以达到"而今识尽愁滋味，欲说还休，欲说还休，却道天凉好个秋"的那种境界。

课本资源取材方便，内涵丰富，贴近学生，贴近生活，是进行写作训练的最好选择。

第二节　针对例文的学习性写作

针对当前写作教学的现实问题，从教育心理学的角度进行研究，提出了加强例文教学的对策思考。例文教学法注重理论与实践的结合，注重学生能力的培养，通过例文情境导入、范例讲评和病例析改三个环节来实现。例文教学法有助于提高应用写作教学的针对性和实效性，提高教学效果。恰当、优秀的例文的选用，绝不亚于讲散文课时朗读一段朱自清的《荷塘月色》。但是，例文的选择绝不可以随便应付，其中自然有它的使命及科学性、规律性。

一、例文的定义

《现代汉语典词（修订本）》对"例"的解释第一条是："用来帮助说明或证明某种情况或说法的事物。"对"例句"词条的解释为："用来作为例子的句子。"由此，我们可以理解为：例文通常是指作为例子的文章。

二、针对例文的学习性写作需注意的问题

写作教学中，为了更切实地启发和引导学生进行写作活动，教师除了精讲有关课文外，往往还要不时地给学生另外选讲一些合适的例文，供他们揣摩、借鉴。提供例文，是吸收语言材料、写作技巧以及思想质料的重要手段，更是开启写作思维的有效方式，尤其对阅历不甚深广的人来说，是非常必要的。鲁迅先生早就说过，教人写文章，先引领他们多读点别人的文章，从中去弄清"应该怎样写"和"不应该怎么写"的玄奥，才能实实在在地懂得写作，提高自己的写作水平。

然而，在写作例文的选择和使用方面，当下仍存在一些认识上和方法上的偏颇。其一，认为提供的范文一定要是经典作家的文章。有的老师甚至认为只有鲁迅、郭沫若等大家的作品才更适合于充当文章的样品和典范。

我们知道，"文变染乎世情"，写作活动往往体现着社会更替的不同时代感。包括鲁迅在内的经典作家的文章，是他们所处时代生活的真实反映。其生活内容以及对

生活的认识和评价，对今天的学生来说是陌生的，存在着差距。当今，物质文明和精神文明建设的不断丰富和发展，为写作大大地拓展了新的领域，提供了新的题材和新的思想内容，也渴求新的表现手段和技巧。如果我们仍然局限于选读和分析过去时代的文章，是无法消除由"时代差"带来的认识的沟坎和感情的隔膜的。生疏的生活内容势必阻碍学生对作品的理解和把握，最终难以起到样品和典范的预期作用。正如鲁迅先生说过的"但看别人的作品，也很有难处，就是经验不同，即不能心心相印。所以常有极要紧、极精彩处，而读者不能感到，后来自己经验了类似的事，这才了然起来"。经典作家们"经验"了的许多事，我们今天很难再有类似的"经验"，因而也就难以"了然"。不了然，就无从仿效和借鉴。同样，写作也受一定时代文风的制约，不仅制约写作内容的选择，也制约文章构建和形式调适。时代的差异造成文风的差异，也形成写作的不同要求和技巧。新的生活内容和思想内容，也促进了写作新思维、新形式、新手段、新技巧的不断产生与不懈探索。处于当今急剧变革的时代，人们的思维素质发生重大变化，写作的语言和文风也必定受到影响。简洁明快的写作风格成为主流。即如描述性文字，今日读者的口味也已受到了与阅读竞争的其他活动的影响。许多人没有更多的闲暇时间消耗在欣赏文字描写方面，而多从电视、广播来快速获取信息。对杂志、报纸，也大多是扫描、浏览，迅的方式捷捕捉信息。所有这些，都影响着现代写作，改变着写作的某些性质。

所以，一味地考虑选择经典作家的名作做例子并不适宜于指导今天的写作。我倒很赞同鲁迅先生说过的另一句话："以文字论，就不必更在旧书里讨生活，却将活人的唇舌作为源泉，使文章更加接近语言，更加有生气。"将活人的唇舌作为源泉，我认为深入生活向人民群众学习是一个方面，而向同时代作家已经"说"出来的书面语言学习也是一个方面。因此，在写作教学例文的选择上，我倾向于多选"时文"，即多选择一些当今时代那些可资借鉴的文章。既可以选些写作好的，也可以选些反面的——写作有缺失或差错的（包括学生存在通病的一些习作）。选择也应多样化，各种风格、各式技巧的都兼顾入选，才能真正丰富学生的写作表现手段。

其二，对例文的使用，表现出一种简单化、机械化的形而上学的做法。或者仅就例文做面上的解析，从"面"上抽"点"进行一番解说；或者就例文作片段的孤立静止的剖视，将"动"作"静"进行一番赏析。例文作为创造性思维的产物，其成型的过程，是一种动态运作、多元联系的过程。对例文的使用，要讲求整个系统运作的"还原"透视。孤立静止地就例文讲例文是无法起到指导作用的。写作与思维之间存在共生共成关系，写作的实质是思维创意、化意与策划成文的系统活动工程。我们想从写作的成品——文章中取得"极要紧""极精彩"之处的启迪，就应追溯其形成的过程或追索其可能更好的形成过程。我认为探究例文作者构思寻意的艺术，似乎可以作为例文用于指导写作的一项主要任务。以此连动辐射考察其整个写作流程，从文章这一成品，去研究作者在生活中的摄取、大脑构思和文字表现方面的利弊得失。依据不同体裁和风格的文章写作要求，做出科学的艺术分析和鉴赏。只有这样抓动态系统的审度，不仅从线上考虑其前后相连的各个环节，从面上考虑其左右相关的种种成因，而且注意横牵纵联、主客观融合来发掘例文的"富矿"，才能将所选例文的指导作用用得准、用得足。

写作，是一种最具个性的创造性活动。写作教学对例文的选择和使用，切莫忘记这种活动的本质。

第三节　针对样本的模仿性写作

仿写是初中语文写作教学中的重要环节，教师常常让学生仿写经典文本的片段，以此提高语文的运用能力。然而，不少教师在指导学生仿写时出现碎片化、模式化的问题，导致学生的写作能力无法得到有效提升。教师要妥善处理仿写的教学策略，组织学生进行梯度训练，化整为零地进行常态训练，在即兴写作中感受写作的快乐，在训练中培养学生的创新能力。

一、做好语文写作分析模仿创设的定位与目标

初中的语文写作是培养学生认识世界、理解世界的重要方式和手段，但是目前大多数学校对于语文写作重视不够，对于语文作文的教学方式改革力度不大，分析模仿在语文写作教学中运用不够，导致语文作文教学效果不好。在当前社会转型和变革的时期，社会上的各种思潮容易影响孩子的身心发展，初中生正处在生长发育时期，对世界的认知还不够完善，因此表现在作文水平上也就显得稚嫩和不成熟，语文作文教师在教学过程中，应该积极应用分析模仿的方式，让学生学会理解世界，学会分析身边的人和事情，积极融入现实的生活中。同时，通过分析模仿获得社会的正能量，积极抵御一些不良思想的侵袭，让他们逐步理解世界，并在作文训练中逐渐成熟起来，让作文中的文字也随其思想更加成熟起来。

二、做好语文写作分析模仿创设内容的选择

做好语文写作中的分析模式，重点是要对分析模仿的内容做好选择。在内容的选

择上，首先要注重积极健康的价值观。学生的价值观往往处在初步发展阶段，因此在分析模仿的过程中，教师要帮助其分析真善美，把握好内容的方向性，为学生提供正确的分析方式和内容理解。其次是要注重分析模仿内容的多样性。要对学生作文中分析模仿的内容进行多样性的筛选，积极为他们选择更多适合他们写作的内容，让他们更加喜欢分析模仿的形式，更加能在分析模仿中得到提升。最后是要注重分析模仿的实际效果。教师要通过不断的总结和积累，让学生在分析模仿中得到提升，总结他们每次分析模仿中存在的问题，总结他们分析模仿在作文运用中的实际效果，进而不断提升他们分析模仿能力，提升分析模仿在作文能力水平提升中的效果。

三、做好语文写作分析模仿创设方式的改革

（一）进一步形成浓厚的语文作文的大环境

当前，分析模仿在各校应用还不够，各校要在深刻理解分析模仿形式和内容的基础上，不断加强分析模仿在语文作文教学中的运用，形成一个全校语文教学的共识，学校的各级领导和实际授课教师应该加强对分析模仿的研究和讨论，要给予充分的重视和关注，要不断利用研究的最新成果，在学生的语文作文中给予实际应用。同时，学校要组织相关的分析模仿活动或是比赛，让他们积极参与到活动中，让学生在活动中不断提升，同时积极营造学校的分析模仿的大氛围。全校教师要在不同的场合运用不同方式积极为学生创造不同的环境，让他们随时体会到分析模仿的环境，更加深入地运用到自己的写作中。

（二）分析模仿教学上要选取多样的教学方法

在分析模仿教学上，教师要积极运用多种教学方式，在语文写作教学中要做好教学相长，可以运用现代化的教学模式，通过计算机信息技术、通过网络平台、通过大型现代化的舞台等方式，让学生在各种轻松而又有实际效果的教学活动中得到分析模仿的锻炼。

教师在教学过程中，要把与学生交流作为一种积极的教学手段，通过交流使学生在分析模仿表达中，不断找到自己的不足，通过改善不足之处，进一步完善自己的分析模仿表达方式，进而取得更好的分析模仿效果。教师在教学过程中，要注意对学生之间分析模仿的分组搭配，使学生能在一个舒适的环境中得到分析模仿的锻炼，同时增加学生对分析模仿的兴趣。

另外，教师在教学中要多运用引导、启发的方式，使学生在作文写作中主动运用分析模仿，使他们更好地把握分析模仿内容的精髓，让他们在写作中更加成熟地认识

世界和身边的人、事。在实际的教学中，教师要做到有针对性地设计教学方式，让学生更加喜欢教学的氛围，让学生积极地运用自己的理解去开展分析模仿活动，积极运用他们的写作能力把其分析模仿的内容进行透彻的表达。

（三）优化调整课程设置和设计

将分析模仿运用到作文课程上，教师要提前做好教学的相关课程准备，要通过对学生不同情况的分析，开展不同方式、不同程度的课程设置和设计，要因地制宜，使各种情况的学生都能够积极地适应分析模仿的课程，要通过课程的设计，使学生喜欢分析模仿，同时也能把分析模仿的精髓运用到相关的作文写作中。在课程的深入过程中，要循序渐进地、有针对性地对学生的课程进行与时俱进的调整和改革。要在课程内容上，表述出最新的符合时代潮流的内容，让学生在课程设置和内容上能得到新知识的补充，并能够将这些运用到写作的锻炼之中。

四、梯度训练，循序渐进

教师在设计仿写练习时要考虑到学生的年龄和教学内容，根据学生的认知规律妥善安排各种专项训练。教师可以先用简单的项目训练学生，然后由浅入深，训练难度较大的项目。

在必要时教师还可以根据学生的学习能力调节训练项目，根据学生的语言运用能力删减训练项目，调节训练梯度，真正做到因材施教。

《鼎湖山听泉》是一篇优美的散文，其中有很多方面值得学生模仿。教师可以指导学生揣摩作者雕琢词句的技巧，分析作者如何运用比喻、拟人等手法进行创作，分析作者如何选择写作的重点，如何安排文本的结构。如此众多的内容不可能在一堂课中教完，教师可以分析学生在整个初中阶段需要掌握的写作技能，然后根据学生学这篇课文时所在的年级选择相应的写作技巧，进行专项训练。学生在学习这篇课文时已经九年级了，初步掌握了选择词句、运用修辞手法的技能，积累了一定的语句，掌握了续写仿写的技能。

在梯度训练中，如果要求学生对整个篇章模仿，就需要掌握话题式的仿写。那么，教师在教授《鼎湖山听泉》一文时就该围绕这方面设计训练项目。如可以让学生尝试模仿文本进行写景文的整篇撰写。有的学生模仿文章的创意，写了《庐山看云》，描写自己在庐山欣赏到的云雾缥缈的美景，在一定程度上掌握了写景的主题。

学者羊镇清提出教师可以根据学生的能力选择套用式、话题式等不同的训练内容，从多种方面入手培养学生的写作能力。在这样的梯度训练中，学生可以从掌握句段起步，逐渐过渡到篇章的写作。

五、化整为零，形成常态

部分教师为了让学生更全面地掌握仿写技巧，会将各种项目集中起来教授。然而这种"轰炸式"的学习方式却往往会让学生感到疲劳，学习效果反而不佳。教师可以根据学生的学习情况采用化整为零的方法，将训练项目分割成若干小项目，然后将其渗透进学生的日常学习之中，使学生的学习常态化，这往往会有意想不到的教学效果。

《背影》一文比较有特点，文章用"背影"为文眼，贯穿全文，起到了彼此呼应的效果。此外，本文充满情感，体现了"我"和父亲之间深沉的情感。文章中很巧妙地运用动词展现了父亲的形象。教师可以将本文的仿写化整为零，分为若干不同的部分。在指导学生分析词句时，让学生尝试运用动词表现人物动作。如有学生尝试创作："他的手在鞍马的背上轻轻一按，身体如同矫健的燕子一般，在鞍马上飞过，双脚稳稳落地，没有溅起一点尘埃。"在感受文章情感中，可以让学生尝试在仿写中写出情怀。如有学生写了"雨天送伞"的片段，展现自己和母亲之间的深厚情感。这些训练项目零散化，所以教师可以在平常授课的过程中根据授课的环节巧妙融合进训练项目。久而久之，学生就会养成良好的写作习惯，在阅读其他文章时也会尝试思考自己该如何仿写此文。

学者吕叔湘提出语文的使用是技能和习惯，只有在反复的训练中才能真正养成。在化整为零的写作训练中，学生能形成勤于仿写的常态，在反复模仿和实践中真正提高写作技能。

六、即兴操作，寓教于乐

教师在安排仿写训练时，可以采用较为灵活的方式，让学生随时随地进行训练，将训练和学生的小组讨论、游戏活动等结合起来。这种即兴操作的方法有助于激发学生的学习兴趣，起到寓教于乐的效果。

例如，《沙漠里的奇怪现象》一文介绍了海市蜃楼、鸣沙等自然现象，教师可以指导学生学习如何撰写此类科学说明性文章。为了激发学生的学习兴趣，教师可以让学生即兴讨论自己观察到的自然现象，并尝试将其写下来。这个活动引起了学生浓厚的参与兴趣，如有学生记录了自己观察到的"龙吸水"的自然现象，并根据自己查阅资料的结果说明了这种自然现象的成因。学生模仿课文的结构进行撰写，首先讲述古人认为"龙吸水"的现象是因为水中有蛟龙作怪，而后则分析了这种现象的形成原因，"原来这并非蛟龙作怪，而是由于雷雨云引起的一种范围小但是力量却很大的强风旋涡。由于旋涡的存在，故此将水流吸引到了高空，形成了我们所看到的奇观"。最后在交流互动中，学生感受到了写作的乐趣。

学者羊镇清在研究初中作文仿写教学时，提出部分教师在教学中出现应试化的问题，错误地将仿写当成试题让学生练习。这样的练习反而会引起学生的厌烦心理，训练的效果也会受到影响。教师若能采用即兴操作的方法，将仿写和学生喜闻乐见的游戏结合在一起，则能有效激发学生的写作兴趣，促使学生更积极地投入到仿写练习中。

七、推陈出新，求异思维

《语文课程标准》提出语文教学应该是开放而具有创新活力的，教师要密切关注学生思维能力的发展。在仿写教学中教师可以组织学生开展各种创新写作活动，让学生发挥求异思想，尝试从文体、主题、创作手法等各方面推陈出新，写出新意。

在学习《人民英雄永垂不朽》一课时，教师提出："这篇文章采用的是说明文的写作方法，但是事实上在描写建筑物时可以采用各种不同的文体。大家尝试以本文的主题进行创意仿写，运用不同的文体来展现人民英雄纪念碑。"这个活动激发了学生的求异思维，有不少学生参考学过的游记类文章，将课文改写成了散文的形式，描写了参观纪念碑的情况。还有的学生突发奇想，采用诗歌的方式，写下了自己参观纪念碑时的心情变化，表达了对人民英雄的深切怀念之情。如"岁月的尘埃，掩盖不住你的恢宏，你是革命先辈用血肉之躯铸就的辉煌。站在你的脚下，我感到神圣和庄严，我要一再地抬头仰望，看着五星红旗在天空飘扬，感受着你的厚重，感受着这座伟大的丰碑……"。在求异思维的促进下，学生的仿写能力也有所提高，但并非单纯仿造，而是根据自己的想象推陈出新，写出新意。

仿写训练中容易出现模式化的问题，这导致学生在面对相同模板的写作试题时可以轻松解决，但是一旦模板出现差别，学生则无法应付。在指导仿写时，老师引导学生使用求异思维进行推陈出新则有助于让学生掌握仿写的精髓，避免出现模式化的现象。这样的仿写练习能更好地提高学生的写作能力。

宋朝思想家朱熹提出模仿是"古人用功之法"，学生写作能力的提升也从模仿开始，这是一个学生从模仿到再创造的过程。在此过程中，学生会从简单的词句模仿过渡到创新的个性化写作，进而总结出写作的诀窍，完成语文知识的积累和构建。

第四节　针对用件的探究性写作

一、研究性写作的意义

研究性写作是倡导学生根据写作需要，采用观察、思考、讨论、交流等方式，进行探究以及走访、座谈、问卷等方式进行社会调查，或者通过图书、报刊、文件、网络、音像等途径获得有用信息，搜集素材，研究专题，然后将研究成果表达出来的一种写作方式。笔者认为它能较好地满足孩子的写作需要，对写作能力的培养有巨大的促进作用。

（一）构建资源库

通过研究写作能帮助学生构建自己的写作资源库，满足其对写作材料的需求。语文新课标清晰地阐释了写作的真正源头在于生活；学生的写作思想和情感源自其朴素而意蕴颇丰的日常生活。因此，我们的语文要求学生参与生活、发现生活。语文教师的使命就是培养学生的感受和体悟的能力，指导他们以自主合作为形式，通过阅读、生活两条途径体验自然、感悟人文、积淀情思、纵览世界、过滤纷纭生活，自觉积累各种写作资源：书本资源、地方资源、生活资源。

1. 书本资源

书本中有取之不尽的材料：名言警句、成语典故、名人事迹……书本可说是作文选材的后花园。通过阅读能培养学生的感受力，让学生把握文章的思路、人物和事件之间的关系，也可以帮助我们挖掘具体词句在文中的作用，同时结合自己的情感经历，感受文章的思想内涵。经过长期的阅读训练，就会在学生心中形成一种生活经验的积累。写作就会成为心灵体验的自然流露，作文创新的灵感也就会由此而生。这可以说是书本给予我们的深层资源。

2. 地方资源

地方特色也可作为写作资源，学生通过综合性活动，以走访、考察、座谈、问卷等方式进行社会活动，从而可获得写作的第一手资料。例如，通过"游在客家围"综合性活动，学生利用"五一"长假参观了客家围屋等家乡名胜，老师还未布置写作任务，他们就已情不自禁地写下了《围屋情》《家乡美》等佳作。

3. 生活资源

写作的本源在于生活，研究性写作能有效引导学生关注生活的细节，获得大量鲜活的生活资源。例如，围绕"重读父亲、母亲"这一专题，学生进行了一系列活动：搜集有关亲情的文章、歌曲；角色换位，做一天父母；对父母说声"我爱你"；请父母讲讲他们的故事；为父母拍生活照——这不仅促进了孩子与父母之间的沟通，而且也让学生重新关注一度被忽视的父爱、母爱、亲情，且写出了如《父亲的三句口头禅》《手机的故事》等一系列充满真情的文章。

研究性写作帮助学生在阅读与生活之间架起了一座体验的桥梁，帮助孩子将外在的显性的写作材料内化成心灵的精彩体验，从而构建起真正属于自己的写作资源库，满足了他们对写作材料的需求。

（二）还原真实任务

研究性写作能给予孩子一个真实的写作任务、写作情景、写作对象及写作成果，满足孩子的"生命欲望"。研究性写作既是一个写的过程，更是一个实践的过程，学生在选题、搜集材料、分析材料、积累素材等研究活动中，走出教室，走进图书馆，走向广阔的社会生活。他们渴望知识、渴望表现、渴望交流、渴望创造、渴望成功。在这个贴近社会、贴近生活的过程中，他们愉快地完成了许多任务：读读、写写、做做、画画、查查、访访……他们不再将写作拒之门外，他们为真情而写作、为兴趣而写作，满足了心中的"生命欲望"——求知欲、表现欲、交流欲、成就欲、创造欲，激发了学生内在的写作兴趣与动力。

二、研究性写作的基本模式

（一）阅读拓展式

即从阅读活动中生成主题，其写作主要是阅读的拓展延伸。如教学《孔乙己》，可引导学生思考孔乙己怎么可怜？告谁？可引导学生将《孔乙己》全文改编为话剧，或分析孔乙己面对众人嘲笑的心理活动，以及他不可告人的内心痛楚，写一段孔乙己的内心独白，然后表演；也可结合众多鲁迅作品，走近鲁迅、感受鲁迅。

（二）综合活动式

利用新教材的"综合性学习活动"，将写作、口语交际、语文实践活动三个系统整合于其中，实现语文知识的综合运用、听说读写能力的整体发展、与其他学科的有机联系、课堂学习与实践活动的紧密结合等目标。通过一系列有意义的综合活动，引导学生写调查报告、解说词、活动故事、活动感受、活动收获等。例如，围绕以"游在客家围"为主题的综合性活动，学生写出了诸如《围屋魂，故园情》的优美散文以及《来自围屋之乡的调查报告》《关西围简介》《龙南客家围屋导游词》等佳作，形式不拘，活泼生动。

当然，开展研究性写作还需注意切合实情、尊重差异、立足语文、自主探究、自由表达等原则，这些也是研究性学习的一些基本要求。

打开封闭的课堂，走出去，语文的世界将会异常精彩。随着新课程改革应运而生的研究性写作在一定程度上满足了学生的需求，使写作重归真实，重归生活。

第十章 初中语文课堂层面的读写结合教学策略

第一节 摆正读写关系

读写结合就是以文章为载体，从文章内容出发，设计与它相关的写作训练，由阅读来带动写作。同时，写作又能够巩固、深化、促进阅读。读写结合促进学生思维发展，提高语文能力。所以，写作与阅读是语文教学的双翼，两者缺一不可，它们在语文教学中尤为重要。

《语文课程标准》指出，阅读是"收集信息、认识世界、发展思维、获得审美体验的重要途径"，其主要目标是使学生"具有独立阅读能力，注重情感体验，有较丰富的积累，形成良好的语感"；而写作"是运用语言文字进行表达和交流的重要方式，是认识世界、认识自我，进行创造性表述的过程"。因此，教师在教学过程中，应该培养学生观察与分析能力，引导学生将在阅读中掌握的知识与技能，并且灵活地运用到写作训练中，真正做到以读促写、以写促读、读写结合，进而实现语文教学的目的。

一、读写一体化的深刻内涵

语文教学作为基础教育的核心课程，对学生的知识学习、人格养成乃至全面发展都有着相当积极的作用。在语文教学中，若阅读教学居于核心地位，写作教学则是教学难点所在，阅读、写作教学的好坏不仅直接决定了学生语文学习的效果，而且对其读、写能力的形成与发展也有相当重要的影响。事实上，阅读、写作并非截然二分的，它们是语文教学中的一体两面，阅读可以帮助学生积累写作素材、训练写作能力，而写作也可以引导学生更好地开展阅读活动。因此，在语文教学中开展阅读写作一体化教学，是完善教学效能、提升教学效果的必然趋势。

语文教学以培养学生听、说、读、写四项基本技能为主要教学目标，其中读与写更是学生综合语言运用能力形成与发展的根本要素。阅读属于语言输入，写作属于语言输出，阅读教学与写作教学表面上在教学内容、教学途径上有着不小的差异性，其实它们的本质目标是相通的，即提升学生的语言运用能力。不仅如此，它们在教学环节中也有很多可资融合之处，如在阅读教学中，教师对文章词句的讲解、结构的分析乃至思想感情的阐述都有助于学生更好地把握文章的写作要点；又如，在写作教学中，教师对学生文学实践的点评，也有助于从侧面激发学生的阅读动力。总而言之，阅读写作一体化教学，不仅可以提升阅读教学与写作教学各自的教学效果，还能从整体上完善语文课程的教学效果，一举两得。

阅读教学与写作教学作为中学语文教学中最为核心的环节，不仅占据了较多的课时，而且对学生最终的语文学习效果以及考试成绩等也有着相当突出的影响。阅读教学与写作教学有着共同的教学目标，在教学内容上也有着许多关联之处，可以相互影响，相互推进。因而，教师在语文教学中可以采用阅读写作一体化的教学模式，实现"以读促写，以写促读"的教学目标，从而提升语文学习的整体效果。

二、仿写是读写结合最常用的方法

仿写又称为仿作和摹写，仿写的方式是多种多样的，语文作文教学中常用的方式有：仿语言、仿文体、仿立意、仿表现手法。最关键的就是立足于阅读材料，找到读与写的相似点，先依葫芦画瓢作"葫芦文"，再慢慢由模仿向创作迈进。在学习初中语文朱自清的《荷塘月色》后，教师可以引导学生在语言、文体、立意、表现方法上进行仿写，要求写一篇类似的借景抒情的文章。在语言上，仿写课文中的句式、优美细腻的文字，继而进行遣词造句。在文体上，这篇课文文体属于散文，教师引导学生仿写同类体裁的作文。学散文就写散文，做到学什么写什么。在表现手法上，这篇课文是一篇借景抒情的散文，指导学生运用其法写作文。叶圣陶说"语文教材无非是个'例子'"，学生一开始就学习临摹例子，长时间的训练，学生就会感到有章可循。学生有了扎实的仿写基本功后，就会抛弃"葫芦文"，打破定式思维，不受限制地大胆去写、去练，尽情发挥想象力和创造力。作文有了创造才有活力，打破作文千篇一律的模式，鼓励学生大胆创新，做到标新立异。

三、以读促写，立足于教材内容进行写作训练

作文教学中教师应该以语文教材为主，课外读物为辅，相辅相成地进行写作训练。针对教材内容最常见的写作训练就是改写、扩写、缩写、续写、写读后感。

（1）改写。将古诗歌改写成散文，将文言文改写成记叙文等，方便学生理解所学课文内容。例如，将文言文《陈太丘与友期》改写成记叙文，学生能够更加深入地

理解课文的中心思想。

（2）扩写。课文中省略了的情节空白，教师就引导学生运用想象力、创造力将这些空白"填满"。如《羚羊木雕》中，"你能不能把羚羊还我……"作者多处利用省略号，省略了"我"当时的心情，教师在教学过程中，应调动学生想象力，让学生身临其境地感受作者被逼无奈的委屈心理。

（3）续写。有的课文读到最后会感觉故事还没有结束，给人意犹未尽的感觉，引导学生张开想象的翅膀，给课文续写新的故事结局。如《皇帝的新装》，最后引导学生续写皇帝在新装游行被揭穿后，皇帝又是怎么做的？让学生大胆想象，给故事续写圆满的结局。

（4）缩写。将长文章压缩成短文，将长句压缩成短句，要保持原文的中心思想以及主要内容不变，将烦琐的文章改简洁，通过练笔，让学生对文章留下更深刻的印象。

（5）写读后感。读完一篇课文后，学生或多或少都有自己的感触，此时教师就要趁热打铁，引导学生将自己的感触写下来，由于每个学生对文章的见解不同，自然写出的读后感也会别出心裁、各有千秋。

由此可见，在阅读教学中，教师要充分利用教材内容，注意引导学生学习课文写作技巧，渗透到写作训练中，让阅读与写作相结合。

四、从课内阅读向课外延伸，为积累写作素材打下基础

我们还要重视除语文教材之外的课外读物，教师在阅读教学时，要有目的地将教材内容与课外读物中类似文章结合起来讲解，做到课内与课外相结合。通过课内外相似文章的对比，让学生明白相同主题下写作风格、文字结构、表达情感不一定相同。在学习朱自清的《背影》后，推荐学生阅读黄赋的《父亲的眼神》，这两篇文章都是写父亲的，但是由于作者的生活阅历不同，所以要表达的中心思想也不同，就会产生不同的写法，达到不同的目的。这样的对比可以让学生深入研究作者的写作风格，为以后写作打下基础。鼓励学生大量阅读不同类型的课外书籍，扩大学生的知识面，增加阅读量。根据自己的兴趣爱好选择课外书籍，阅读时不能"死读"，要仔细认真，勤思多想。不能光读书、不动笔，力争做到"不动笔墨不读书"的好习惯，培养学生养成做笔记的好习惯，对阅读过程中的好词好句、有用的材料摘抄下来，进行归纳整理，为积累大量的写作素材打下基础。

五、多写多练，以写引读，激发学生阅读兴趣

除了广泛阅读外，还要多写作、多练笔，才能够提高写作能力。首先，要从遣词

造句、仿写、练习小片段开始，扎实地练好基本功。其次，开始练习成篇的文章，在初期，抛弃写作的条条框框，让学生想怎么写就怎么写，没有限制，最大限度地激发他们的写作欲望，让他们大胆写作，写好"大胆文"，然后逐步引导，提高他们的写作能力。同时，练习的内容，也应该遵循由浅到深，由易到难，遵循循序渐进的原则。最后，在写作训练中灵活运用在阅读中积累的知识与技巧，善于发现阅读的不足，让学生带着问题去阅读，激发学生的阅读兴趣，唤醒阅读的积极性、自觉性。

第二节　合理设置读写结合点

随着教育新课程的改革，在教育教学中对学生的素质要求越来越高，对教师的教学质量要求也越来越高。语文课程是教育教学中的一门重要课程，特别是初中语文教育教学。初中语文教学是学生学习语文知识的基础，初中时学生的读写能力关系到将来学生学习的能力，因此初中语文教学在学生的学习生涯中极为重要。

一、如何设置读写结合点

在新课程教学理念的影响下，语文教学更应关注学生阅读能力与写作能力的培养，尤其是读写结合能力的培养。阅读使学生感受到文字的魅力及语言的优美，而写作则在某一层面上反映了学生对生活的真挚感情。那么，教师应如何探索读写结合的教学模式呢？

（一）课前赏析，品美写美

课堂教学中，教师首先要找到读写结合的切入点，即课前赏析。阅读语言优美的文学作品，可以培养学生的审美能力。同时，理论家卢那察尔斯基说过："许多隐蔽的美，无穷无尽的艺术想象、一切心理上的奥妙，都在那种对文字作品朗读的修养中弄明白了。"因此，赏析《桂林山水》一文时，教师可引导学生去发现文章中语言的优美，体会文字的魅力。

师：同学们，谁能简单概述一下漓江的水有什么特点？

生1：漓江的水主要有三个特点，即静、清、绿。

师：这几个字和原文的句子相比，有什么不同呢？

生2：原文所用的句子更优美，给我们带来很大的想象空间。

生3：原文的句子运用排比的修辞手法，可以让我们感受到漓江水的磅礴气势，有助于我们理解作者描写的漓江水。

师：同学们理解得很好，在以后的写作中，我们也应该采用排比的修辞手法，增强文章的气势。

（二）课中批注，情动笔动

在学生的眼里，世界是充满童话色彩的。而这种想象力的存在和发展对于培养学生的读写能力是非常重要的，能给学生带来一个全新的世界或未来。批注作为读写结合的表现形式，彰显了我们对文字或文章脉络的深层次把握。如批注张抗抗的《海市》一文时，我们可以了解到作者的情感及行文风格。

师："就在遥远的天边……那水，想必是清凉又甘甜的"等内容表达了作者什么样的感情呢？

生1：作者初次发现"海市"的惊喜之情。

师："再看海市，那清清的湖、静静的树，分明露着一种虚幻的微笑"这句话在文中的作用是什么呢？

生2：作者为解释"骗局"海市进行铺垫，起到承上启下的作用。

师："那是一种看得见、摸得着的绿色。浸润着绿叶的水，就在树根下流淌"这句话表明了作者什么样的态度呢？

生3：这是作者对全文"海市"描述的升华，鼓励人们要植树造林，保护环境，表明作者环保意识较强。

在课堂上对文章进行批注，引导学生在批注过程中了解文章的内容，概述出段落大意，有效培养了学生推敲用语的能力，以便学生在写作过程中可以选择合适的词语或语句对作文内容进行表达，不断提高学生的写作能力。

（三）课后观察，妙趣横生

在培养学生品美写美、情动笔动的能力之后，教师要鼓励学生用心去观察生活，发现生活中的美，这种观察能力对于学生写出有灵性、有感染力的文章是非常重要的。因此，教师应带领学生参加社会实践活动，如观察植物的发芽、开花与结果等。一方面可以让学生感到生命的伟大，另一方面对培养学生的观察能力也是非常有益的。

师：同学们，我们种下的向日葵发芽了吗？

生1：发芽了，我每天都会去看它，给它浇水。

生2：下雨的时候我还给它撑伞。

生3：我种的向日葵没有发芽。

师：同学们，知道为什么有的向日葵没有发芽吗？

生4：我知道，因为有虫子。

师：嗯，这位同学说得很有道理。那向日葵花开得怎么样了？

生5：开花了，特别漂亮，就像笑脸一样，每天跟着太阳走。

师：同学们观察得非常仔细。有哪位同学知道为什么向日葵要跟着太阳走吗？

生6：因为向日葵喜欢阳光。

师：非常棒。通过这段时间的观察，相信同学们都对向日葵的生长有了一定的了解，同学们可不可以写一篇有关向日葵的作文呢？就写你们的所感所想。

总之，随着课程改革的不断深入，我们的课堂教学正在不断地发生变化。对语文教学来说，教师要注重学生读写结合能力的培养，不断提高语文教学的质量。

二、初中语文教学中读写结合的有益尝试

初中时期是学生接触语文、打好语文学习基础的重要阶段，初中语文教学中学生若能具备良好的读写结合能力，不仅有利于学生语文知识的学习，更重要的是可以锻炼学生的学习能力，通过语文的学习可以更好地进行其他学科知识的学习。在实践教学中，教师要注意教授学生读写结合的能力，主要从以下两个方面进行。

（一）在阅读教学中要注意素材的选择

作文的写作首先要根据主题的需要选择素材。在的初中语文写作中，学生普遍表现为作文的写作没有浓厚的生活气息，没有充分体现出自己的思想。因此，教师在教学中要注意引导学生在写作中体现出生活气息，善于抓住生活中的细节，将自己的作文写作与生活实际紧密地联系起来。在教学中，教师可以充分借鉴课本中的例子进行学生作文的指导，像教授朱自清先生的《背影》时，教师就可以利用课文中类似"父亲为我送行，并爬上月台为我买橘子"这样的句子来引导学生，作文的写作中也可以适当地加入自己生活中的事例，通过这样的读与写结合的方式，让学生充分体会到学习语文的乐趣，并通过学习来锻炼自己的学习与实践相结合的能力。

（二）在阅读教学中注意指导学生进行写作结构的练习

在当下初中语文的学习中，学生写作方面存在的一个比较普遍的困惑，就是学生在即将写完一篇文章时才发现文章与所要求的主题不相符，偏离了写文章之前所要表达的中心意思。这就是作文主题选好了，材料也选好了，但在写作之前没有对文章进行谋篇布局，没有列举出提纲，没有考虑清楚自己所要表达的中心意思，或者没有弄清自己要通过何种方式来表达文章的中心意思。因此在教学中，教师要指导学生进行文章结构的排列以及文章怎样进行谋篇布局，指导学生文章的写作要详略得当，根据

所要表达的中心意思进行详略的设计，对于能够充分表现文章中心意思的内容要详写，与所表达中心意思有关的其他材料可以略写。总之，文章写作的一个重要原则就是详略得当。在教学中教师也可以通过文章的阅读来指导文章的写作。例如，在进行《背影》文章的学习时，《背影》一篇课文主要讲述的是作者和父亲之间浓厚的父子情，因此在文章写作结构中，体现父子之情的部分作者进行了详细描写，像父亲给作者买橘子的部分，作者就进行了详细描述，而文章题目为"背影"，但文章中出现的四次父亲的背影，作者并没有一一进行详细描述，只是对父亲给作者买橘子的背影进行了详细描述，这也是详写与略写的体现。

在语文教学中，学生的阅读能力以及写作能力是学生最基础的能力，教师在教学过程中，必须紧紧抓住锻炼学生阅读能力以及写作能力来开展教学。在教学中从阅读能力的锻炼入手，实现学生写作能力的提高。

三、读写结合教学实施策略

作文教学是初中语文教师的重要职责，为拓宽学生的学习视野，提高他们的写作水平，就应当积极地对作文教学探索。读写结合是一个很有效的作文教学方式，不仅可以拓宽学生的写作空间，为其挖掘写作素材，而且更能够捕捉学生的真情实感，让初中生乐于动笔写作。

（一）树立"以学生为中心"的教学理念，培养学生读写的兴趣

作文写作教学，对于初中语文教师而言一直存在教学理念上的问题，新课改要求践行以学生为中心的教学理念，发挥学生学习的主动性、自主性，培养学生独立思考、创新思维的意识。对此，初中语文教师应当认清现今形势的变化，彻底转换现在"以教师为中心"的教学理念，尽最大力度发挥学生的学习优势，树立"以学生为中心"的教学理念，这样就能够全面发挥学生学习的优势之处，激发学生写作文的动力。中学生在这一自由、自主的教学理念的带动下，就会对作文写作产生浓厚的兴趣，通过理论学习和实验证实自己的疑问，极大地推动学生参与各种作文写作知识讨论。在践行"以学生为中心"的教学理念下，对于初中语文教师而言，将对作文教学倾注全部精力，与每一位初中生耐心地交流，找出初中生作文写作的困难之处，通过结合自己的专业技能与教学经验，为初中生作文写作的困境寻找突破。在此基础上，为学生制订一套系统的培训计划，全面、系统地培养初中生的作文写作能力。

"兴趣是最好的老师。"对所学事物产生浓厚的兴趣会使学习事半功倍。因此，初中语文教师在作文教学中应该有意识地培养学生对作文读写的兴趣，让他们真正喜欢读书与写作，同时善于读书、善于写作。在初中作文教学环节中，初中教师需要激

发学生作文读写的兴趣，同时还要保持初中生一直有读写的激情。对此，初中教师应采取各种各样的教学方式，开展各种各样的活动，其中最有效的方法是游戏教学法和情景教学法。但是，这些方法能否达到理想的效果，关键还是要看教师运用教学方法的能力，以及学生是否能够密切配合。在课堂教学中，开展一些丰富多彩的智力竞赛、学术讨论等活动，这样不仅增加了语文作文教学的娱乐性，而且也拓宽了学生的视野，丰富了学生作文写作所需的课外知识。

（二）充分挖掘语文教材中"读"与"写"的结合点，有目的地加以指导

教育家常说："没有学不会的知识，只有不好的学习方法。"为此，初中语文教师应当采取一个高效的写作教学方法，并将其贯彻于平日的作文教学中，培养学生作文写作方法，以此提高初中生的作文写作水平，同时也有助于改善紧张的师生关系。教师应当在平日的语文教学环节中，善于寻找语文教材中"读"与"写"的结合点，有目的地加以指导，其要点有如下几点：第一，从优美的词、句入手，通过阅读教学，可以对重点的词句实施精心品味，可以在指导学生读的基础之上，悟出写法，领会意图，进而学会运用。第二，从省略号处入手。在语文教学中抓住这一情感触发点，让学生们有感而作，写出自己的心声，一方面加大了学生的阅读深度，另一方面深化了文章的主题。第三，从故事的结局入手，依据原文，进行创造性的续写，这对于发展孩子的创造性、合理性思维，培养写作兴趣，提高初中生的写作水平均有较大的帮助。第四，从读后感入手。阅读是读懂文章，作文是思想情感的表达。通过阅读进行写作，有利于激活学生头脑中储存的信息，适用已学知识重组创新。

（三）加强学生的课外阅读，进行读写训练

好的作文素材是作文的亮点，为了将好的素材应用于作文写作中，就需要拓宽学生的知识面，这就需要从两方面着手：一是假期积极参与社会实践，丰富的社会经历才能够充实作文的素材与感情，这是一篇优美文章最基本的地方，在学生生活阅历普遍缺乏的情形下，教师就应当鼓励学生在假期积极参与社会活动，将参与社会活动有感而发的内容记录下来。二是加强课外阅读。书中的知识是最丰富的，学生可以通过课外阅读扩充自己的文化知识，从中获取更多有益信息，为培养自身的创新能力与写作能力打下坚实的文化知识基础。学生在阅读环节上，应当一边阅读，一边记录。在阅读课外文摘时，可以选取好的文字摘录，并记下自己当时的阅读感受。学生要善于写日记，将每天细心观察的事务详细记录下来，通过这些行之有效、周而复始的训练之后，就能够达到作文写作的读写相结合的目标。

我国古代文人常将阅读比作大树的树根，把作文比作大树的绿叶，只有树大根深，

才能够枝繁叶茂。这一形象的比喻已经证明读书是初中生汲取作文素材的最基本的来源之一。但我们也应当清醒地认识到，阅读不只是为了看书而阅读，而是要提升初中生细心领会一篇文章的精神内涵，了解作者的写作意图及写作手法等。在此前提下，教师要指导学生善于留心生活中的每一件事，善于从课外阅读中吸取精彩的文句，这样才能为学生的作文写作打下坚实的文句基础。

（四）加强批注式阅读训练，锻炼学生的读写能力

在每次授完课之后，笔者都要布置一个课外作业，要求学生在学完此课后，找出他最欣赏的一句话，并且在此句话的旁边做出批注，说明喜欢的理由，在第二天上新课之前，让学生大声地读出所找的句子，同时要求同学点评。例如，笔者在教授《春》这一课时，有些学生就找出以下的句子："野花遍地是：杂样儿，有名字的，没名字的，散在草丛里像眼睛，像星星，还眨呀眨的。"并做了如下批注：此句用了比喻、拟人的修辞方法，使句子形象生动。学生通过这样的读写训练，在以后写作文时也可以和朱自清先生一样，多使用修辞手法，增添文章的语言特色。

除了要求学生做批注之外，笔者还要求学生在读到好的句子时，也一定要进行仿写训练，提高他们的写作能力。还是以《春》为例："春天像刚落地的娃娃，从头到脚都是新的，它生长着。春天像小姑娘，花枝招展的，笑着走着。春天像健壮的青年，有铁一般的胳膊和腰脚，领着我们向前去。"在课堂上笔者就要求学生仔细分析这一句的特点，如该句运用了哪些修辞手法，所写的事物之间的内在关系是怎样的，并当堂完成此句的仿写任务。

（五）加强作文片段训练，锻炼学生的读写能力

在课堂上，笔者努力寻找着阅读与写作的契合点，用片段作文的形式提高孩子的写作能力。

以七年级下册第一单元《童年的朋友》为例，在仔细研读课文之后，确立了写作训练目标：从表象看到人物性格或特点。在此片段作文中，小作者通过动作描写、外貌描写和神态描写等多种描写方法来突出"淘气"的人物性格特点。

除了此类作文片段训练之外，笔者还经常对学生进行以下训练：

（1）病句修改。根据《考试说明》：凡是不符合"简明、连贯、得体"的语句，均是病句。我们可加大对病句修改的力度，归纳语病类型，教授解题方法，再让学生自改或互改，这样可谓一举多得。

（2）提纲拟写。这种训练，主要在于锻炼学生谋篇布局的能力，对促进学生思维的严谨性、独特性、创造性有莫大的好处。

（3）语言锤炼。主要有词语的锤炼、句子的锤炼、各种表达方式的锤炼、各种修辞手法的灵活运用等。

（4）开头片段训练、环境描写训练及心理描写训练等，这里就不再一一举例说明了。

（六）及时评改学生的习作，锻炼学生的读写能力

此小点方面的"读"，并不是让学生阅读课本，而是让学生互相阅读自己的习作，在阅读的过程中提高写作的能力。每周五语文连课时，笔者都会安排学生当堂写作文，笔者个人认为，写作应是及时讲授、及时点评，才能达到最好的效果。第一节课时，学生必须把作文写完，第二节课时就开始对学生的习作进行点评讲解。笔者的作文点评教学主要分四个步骤：①学生写完作文之后，把自己的习作在本小组中传阅点评。②被评为本次优秀的作文，由本人上讲台大声朗读，接受全班的点评。在大声朗读的过程中，可以培养学生的写作自信，不再对写作文有恐惧感。③每小组的成员要把自己对其他同学的作文点评大声朗读出来，让学生能有所收获。④最后，由笔者来分批批改学生的习作，并对所批的习作进行点评，批出哪些地方是"亮点"，哪些地方还有不足之处，有待改进提高。

让学生批改学生的作文，刚开始时虽然有些意料不到的问题出现，但是教师在操作时若能及时引导，这种方法还是可取的。因为学生在批改他人作文时，可以发现他们写作的优点并借鉴，同时也可以指出作文中的不足之处，相互促进。"择其善者而从之，其不善者而改之。"

总之，以读促写，以写促读，阅读与写作相结合，可解决写作教学无章可循的难题，使阅读和写作变得相得益彰。

参考文献

[1] 陈丽云. 初中语文延伸阅读教学的探索与实践 [M]. 长春: 东北师范大学出版社, 2020.

[2] 杜迤. 初中语文教学高效策略 [M]. 银川: 宁夏人民教育出版社, 2016.

[3] 郭秀芳. 基于学情的初中语文教学 [M]. 延吉: 延边大学出版社, 2018.11.

[4] 黄顺平. 初中语文讨论课模式 [M]. 武汉: 华中科学技术大学出版社, 2021.

[5] 雷蕾. 基于核心素养的有效学习与学业评价策略 初中语文 [M]. 长春: 东北师范大学出版社, 2019.

[6] 沈芸. 初中语文课堂教学研究与实践 [M]. 长春: 吉林大学出版社, 2020.

[7] 施柏明. 初中语文阅读教学课堂激活探析 [M]. 青岛: 中国海洋大学出版社, 2019.

[8] 宋秋前, 包国华主编. 初中语文教学设计与实施 [M]. 上海: 上海交通大学出版社, 2018.

[9] 孙德玉. 探寻初中语文教学之路 [M]. 成都: 电子科技大学出版社, 2014.

[10] 汤胜. 初中语文目标教学浅论 [M]. 芜湖: 安徽师范大学出版社, 2018.10.

[11] 杨世平. 新课改下初中语文教学艺术谈 [M]. 长春: 吉林人民出版社, 2019.

[12] 张晓琳. 初中语文读写结合教学策略研究 [M]. 长春: 吉林人民出版社, 2020.

[13] 张秀蓉. 阅读与感悟 初中语文阅读教学研究 [M]. 北京: 中国商业出版社, 2021.

[14] 郑向华. 初中语文写作技法与作文训练 [M]. 长春: 吉林人民出版社有限责任公司, 2021.